The Knowledge Illusion

Why We Never Think Alone

知識的假象

為什麼我們從未獨立思考？

史蒂芬・斯洛曼 Steven Sloman
菲力浦・芬恩巴赫 Philip Fernbach 著
林步昇 譯

CONTENTS

CONTENTS

CONTENTS

推薦序

破解「獨立思考」的迷思

馮勃翰

傳統上，我們總認為「獨立思考」是一件好事。如果你上網搜尋這四個字，可以找到一籮筐的文章在教人如何獨立思考。但是，斯洛曼和芬恩巴赫兩位認知科學專家想要告訴你：人，其實無法「獨立」思考！

為了闡述這個論點，本書從一個很簡單的問題出發：為什麼許多事情我們明明不大懂，卻往往自以為懂？比方說，很多人都覺得他們了解腳踏車的原理，但是在一項知名的心理學研究中，自信滿滿的受試者有四〇%無法正確畫出腳踏車的構造，有些人甚至會用鏈條把前後輪都連在一起，這樣的腳踏車要怎麼騎啊？

在本書前半，兩位作者從演化、生物和認知心理學的角度旁徵博引，闡釋了人為何思考、如何思考。說穿了也不意外，一個人所「擁有」的知識，只有很小一部分是存在他的腦子裡；絕大部分的知識是存在人的身體、週遭環境與其他人身上。人與人之間存在著認知與智能的分工，從而建立起一個「知識共同體」。

當我們在思考的時候，會從知識共同體汲取知識；我們會自由取用存在腦子裡與腦子外的資訊，從而模糊了內與外的疆界。這就是爲什麼人常會分不清楚自己到底懂什麼、不懂什麼。正因爲人是仰賴知識共同體做決策、過生活，我們對事物的理解與判斷，會受到朋友圈、同溫層與所處的社會文化所影響，讓「思考」變成一種集體行動。

在本書後半，兩位作者便從「知識共同體」與「集體思考」的框架出發，告訴我們「知識的假象」可能會引發哪些錯誤，而我們又該怎樣做出更聰明的決策與判斷？

比方說，當我們在討論基改作物、核能發電或是特定政策議題的時候，由於所知有限，往往很難形成自己的見解，而是選擇跟信任的人抱持相同立場，但是這樣做會產生兩種效果，讓人更加固執，而且未必是擇善固執。

第一種效果是，當我們依賴同溫層的時候，同溫層的朋友也在互相依賴，彼此的態度會互相強化。一旦一群人一起固執己見，會更加覺得理直氣壯，從而忘記自己的某些想法壓根就缺乏專業上的支持。

第二種效果是，有時候，當我們想去接受一個違背既有信念的數據或事實，會因此覺得自己「背叛」了所屬的群體。這種潛在的「背叛感」會限制一個人對客觀資訊的理解與篩選。

面對這兩種效果，本書不僅解釋原理，也提出解方。立場不同的雙方如果一味只想爲自己的觀點辯護，有可能會各自強化了既定的看法，眞理並不會越辯越明。如果我們想在公共事務上有良性的討論、化解意見不同的僵局，兩位作者鼓勵我們去思考事物背後的因果原理，並試圖去把因果關係解釋出來。這樣思考與溝通過程，會讓人意識到自己在知識上的不足，重新回到以事實爲依歸的理性討論。

本書所提出的認知理論框架不僅能幫助我們思考公共事物，也可以應用到個人面向。如果我們認同作者的觀點，接受「人無法獨立思考」的事實，那一個人的「智能」就不應該只用他的記憶力、知識量或是個人的推理能力來衡量。從「知識共同體」與「集體思考」的角度出發，一個人的聰明與否應該還要包括他如何運用知識共同體、貢獻知識共同體，並且和群體一起協作、發揮所長。

從這裡延伸下去，我們會發現許多學校沒有教的能力，其實至關重要，像是傾聽、理解別人的觀點、感受別人的情緒，以及如何收集與篩選資訊，並了解自己在哪些情況下有可能出於心理或社群壓力而做出錯誤的決斷。

一旦破除了人要「獨立思考」的迷思，我們可以用「知識共同體」的架構重新檢視自己該如何學習、學習什麼？或者，從企業管理者的角度，重新思考該如何求才選才、打造團隊。

《知識的假象》讀起來峰迴路轉，讓我們看到人類的智能為何可以既淺薄又強大——端看你如何善用群體的智慧。

（本文作者為臺灣大學經濟系副教授）

推薦序

認識人類認知的極限後，我們該怎麼做？

蔡依橙

用白話科學，說明「人」的認知眞相

這本書，用各種科學研究，與清楚的論證，爲一般大衆說明了，「人其實比自己以爲的，知道更少。」而且，人類的認知與智慧，並不像一台一台強大的電腦，而更像連接在「人類知識之海」的小小終端機。

很多我們以爲自己知道的事情，實際上根本說不清楚。像是馬桶的工作原理（包括精巧的虹吸現象）或電梯的運轉機制（包括負重平衡，所以一個人下樓最耗電）。但人類能夠稱霸全球，靠的就是非常複雜但有效的認知分工，以及集體協作。

書中大量的科學研究介紹，讓人驚訝於「人類對自己的無知」竟然那麼無知。獨立思考，並不那麼獨立；自由意志，也沒有那麼自由。論證清楚，說理清晰，非常值得一看。

書的最後，作者用了兩姊妹L與S的例子安慰我們：個性謹慎且知道自己懂得不夠的人，走得安全；總認爲自己都懂，活在知識假象中的人，更有勇氣，往往能推進人類文明。這結尾明顯有減輕讀者焦慮的意圖。作爲一個積極的讀書人，我們知道自己認知的極限後，該如何應對？在謹愼與勇氣兩極之間，如何尋找最適合自己的路？

積極讀者的功課

我建議，在閱讀的時候，反覆的問自己：

◆好的，如果狀況眞是這樣，我該怎麼做？在自己的終身學習與職涯發展上，該如何調整？哪些是已經不錯的作法，哪些可能之後要盡量減少？

◆回想自己的個性，屬於謹愼的，還是容易自以爲都懂的？如果謹愼，如何在保持對知識的理解下，增加勇氣？如果常自以爲都懂，該採取哪些措施，讓自己更謹愼，減少行動風險？

◆根據既有的科學證據，反思「教育」的核心意義，究竟應該是什麼？同樣的時間，應該讓孩子去背誦，反正「書讀百遍，其義自見」，還是我們該讓孩子學會使用「取得知識的工具」，讓大腦專心在處理資訊與理解脈絡？同樣的能量，應該叫小孩別問問題，快點去多做考題，還是讓他跟著自己的動機與步調走？即使理性上我們可能偏向後者，但實務上，前者容易看到成績，後者則可能缺乏客觀驗證的工具，感覺一事無成。所以，你打算怎麼做？

◆書中第十章提到，代表個人聰明才智的「*g* 因素」（*g* factor），其預測價值，不如個人進入群體後，對群體智能貢獻的「*c* 因素」（*c* factor）。那麼，既有教育體系的鍛鍊與評估，如果都偏向「*g* 因素」的話，做為父母或教育者，你該如何替孩子準備一個同時強調「*c* 因素」的學習環境？

我個人的答案

以我個人來說，我會增加更多深度資訊的來源，繼續閱讀立場不同，但論述精闢的優質評論。持續辨認可信賴的作者與評論者，就像《人類大歷史》的作者哈拉瑞在《紐約時報》

推薦過本書，其爲好作品且值得一讀的機會，自然更高。能讀書就盡量直接讀，避免過度消化或經高度選擇的次級資訊。閱讀過程中，永遠替自己的知識體系添磚砌瓦，並持續檢查過去的思考是否有明顯漏洞。

以教育來說，最近跟孩子玩 5v5 MOBA 遊戲，將更帶領他們觀察角色協同的加成效果，感受團隊動力對最終勝利的重要性，而避免過度追求「最強單一角色」的討論。進一步的，不管是社團、比賽、休閒、遊戲，多協助其察覺「*c* 因素」，幫孩子做好嵌入世界知識網絡的準備，避免英雄主義式的自以爲是與自我孤立。

這只是我個人的答案，我們每個人都在「人類知識之網」的不同區塊，不同的角色與人生經驗，自然會導致不同的想法與行動。祝您順利找到最適合自己的！

（本文作者爲醫師、閱讀筆記板主、新思惟國際創辦人）

前言
無知與知識共同體

三名士兵坐在壕溝裡聊著家裡的事，周圍是三英呎厚的混凝土牆。聊天的聲音逐漸停了下來，牆壁劇烈震動，地面像果凍般猛然搖晃。他們頭上三千英呎的高空有架B－36轟炸機，機艙瀰漫灼熱濃煙、無數紅燈不停閃爍、警報聲不絕於耳，機組人員被煙嗆得不停咳嗽、連一句話都說不清楚。於此同時，正東方八十英里處，日本籍拖網漁船「第五福龍丸」的船員站在甲板上，驚恐地盯著遠方的海平面。

那天是一九五四年三月一日，他們全在太平洋遙遠的一隅，見證著人類史上最大的爆炸。美國當時引爆了暱稱「蝦子」的熱核聚變彈，代號「布拉沃城堡」。但是，這次的試爆非常不對勁。比基尼環礁那條壕溝內的士兵最接近引爆點。他們並非第一次目睹核彈試爆了，原以為引爆後四十五秒左右會有震波傳來，沒想到卻迎來劇烈地震，這實在非比尋常。B－36轟炸機的任務是採集核爆雲樣本並測定輻射量，飛行的高度理應安全無虞，豈料竟遭到熱浪衝擊。

不過，相較於第五福龍丸的船員，這些人都算幸運的了。爆炸過後兩小時，部分蕈狀雲飄到漁船上空，數小時內降下大量輻射落塵。船員立即出現急性輻射症狀，包括牙齦出血、嘔吐和灼傷，其中一人數天後在東京醫院病逝。試爆前，美國海軍曾護送數艘漁船駛離危險區域。問題是，第五福龍丸當時位置並不屬於海軍畫定的危險區域。更令人痛心的是，數小時後，輻射雲經過朗格拉普和烏蒂里克環礁，當地居民因此曝露在輻射之下，人生從此轉了個大彎。三天後，他們也出現急性輻射症狀而被迫撤離，暫時安置在另一座島上，三年後才返回環礁。但後來罹癌人數爆增，只好二度撤離。他們的子孫更是深受其害，至今仍在等著回家。

上述的種種不幸，都是因爲爆炸威力遠遠超乎預期。核武威力一般是以黃色炸藥（TNT）當量計算。一九四五年美國在日本廣島投下了原子彈「小男孩」，TNT當量約爲一萬六千噸，就足以夷平廣島全市、造成約十萬人死亡。科學家原先估計，「蝦子」的爆炸威力約爲「小男孩」三百倍，大概六百萬噸TNT當量，最後卻達到一千五百萬噸，將近是「小男孩」威力的一千倍。科學家當初只知道爆炸會很驚人，豈料結果竟是預估值的三倍。

之所以出現這種誤差，是因爲搞錯了核彈主要成分「鋰－7」的特性。「布拉沃城堡」試爆前，一般認爲鋰－7屬於惰性元素；其實，鋰－7與大量中子撞擊後會產生劇烈反應，進而衰變成不穩定的同位素氫，再跟其他氫原子融合，產生更多中子、釋放巨大能量。尤有甚者，負責評估風向的研究團隊，沒能預料到高海拔當時吹東風，輻射雲才會被帶到有人居住的環礁。

這段歷史反映了我們人類在本質上的弔詭：人類的腦袋既天才又可悲，既傑出又愚昧。人類可以實現驚爲天人的成就，例如在一九一一年發現了原子核，短短四十多年後，就開發出百萬噸核武；人類還精通用火、創立民主體制、登陸月球、研發出基改作物。然而，人類卻也能展現傲慢與愚行。每個人都會犯錯、偶爾會不理性，又常常顯得無知。同樣不可思議的是，人類打造出熱核彈（而且未透徹理解原理就進行試爆）、發展出不同政體和經濟體，提供舒適的當代生活，但多數人卻不清楚箇中道理。儘管如此，社會依然運作得十分順暢（讓居民曝露於輻射之中時除外）。

到底爲何人類既能聰穎到令人折服，又能無知到令人失望呢？我們的所知如此有限，何以又造就了許多斐然的成績？這些都是本書設法回答的問題。

思考是一種集體行動

一九五〇年代，出現了認知科學這個新興領域，企圖理解宇宙中最神奇的現象：人類心智的運作原理。思考是怎麼發生的？腦袋裡究竟上演著哪齣劇碼，才能讓有情衆生懂得數學運算、理解自己終將一死、（偶爾）無私地行善，或學習用刀叉吃飯這類簡單的事呢？目前還沒有機器或其他動物擁有相同的能力。

身爲本書的兩位作者，我們的生涯都在研究人類心智。史蒂芬是認知科學教授，研究這個主題至今已二十五年了；菲利普是認知科學博士，目前是行銷學教授，主要研究一般人的決策模式。根據我們的第一手觀察，認知科學發展多年下來，並非愈來愈理解人類心智何以能實現驚人的成就，反而多半在教個人認清自我的極限。

認知科學也有不少較爲悲觀的新發現，譬如人的能力並非全然像表面所見，以及多數人的行爲模式和可能成就都高度受限。個人能消化的資訊同樣極爲受限（這就是爲何我們明明才剛認識某人，過沒幾秒就忘了對方的名字）。一般人通常缺乏看似基本的能力，譬如評估某項行動的風險，而這些能力可否習得仍是未知數（作者之一就提到了，這也足以說明爲何許多人想到搭飛機就怕得要死，儘管這是數一數二安全的交通方式）。最重要的是，個人知識其實非常淺薄，無法深入理解世界究竟有多複雜，我們卻往往沒意識到自身的無知，最後很容易導致自傲，明明所知甚淺，還堅信自己的想法正確。

我們倆分享的故事，將帶領各位讀者一窺心理學、電腦科學、機械人學、演化論、政治學和教育等領域，希望釐清心智的運作原理和任務，以及為何問題的答案都指向人類思維可以既淺薄又強大。

人類心智不像桌上型電腦那樣儲存了大量資訊，而是在長年累月地演化下，懂得汲取最實用的資訊，方便在不同情境中做出決策，目的是靈活地解決問題。因此，每個人只在腦袋中儲存了極少量周遭環境的細節。若要打個比方，人就像是蜜蜂，社會如同蜂巢；我們的智慧並非儲存於自己腦袋裡，而是在人類的集體意識中。想要生存，個人不僅得仰賴腦袋裡既有的知識，更要取用儲存在別處的智慧，包括內在與外在環境之中，尤其還要從他人身上獲得。全部加總起來，人類的思維其實廣無邊際，但這是整個群體的產物，不是單一成員的功勞。

「布拉沃城堡」核彈試爆計畫正是這種蜂巢的極端案例。這項計畫是浩大的工程，需要大約一萬人直接參與，也需要無數人提供間接但必要的協助，包括對外募款的政治人物、建造兵營和實驗室的承包商；數百位科學家要掌握天氣狀況；醫療團隊要研究處理輻射物質的不良影響；反情報小組得確保訊息往來加密，以及不讓俄國潛艦靠近比基尼環礁，以免軍事機密外洩；廚師團隊要餵飽所有人，清潔人員負責打掃，水管工人要維持馬桶暢通。每個人所具備的那點知識，甚至不及徹底了解計畫所需的千分之一。我們透過相互合作、集思廣益，共同執行這項龐大的工程，才能化不可能為可能。

這是事件本身的積極意義。不過「布拉沃城堡」的計畫背後，籠罩著核武競賽和冷戰的陰影。我們會探討此事反映的傲慢，亦即就算理解上有所侷限，人類何以甘願引爆一千五百萬噸的核彈。

無知與假象

許多事物的本質都很複雜，即使外表簡單也不例外。若告訴你現代車款、電腦或飛航管制系統十分複雜，你想必不會感到意外。那馬桶呢？

有些東西是奢侈品，有些東西著重實用性，有些東西則實屬必要，也是日常生活不可或缺，沖水馬桶就屬於此類。你需要上廁所時，通常都已十萬火急。已開發國家中，家家戶戶至少都有一個馬桶，餐廳依法也得有馬桶，就連加油站和星巴克（幸好）通常也有馬桶。馬桶堪稱結合了功能與簡約的偉大發明。每個人都懂馬桶如何運作，而大部分人也自認了解，沒錯吧？

那不妨說說看，你沖馬桶時會發生什麼事？先不說別的，你曉得馬桶沖水的基本原理嗎？其實絕大多數的人都不曉得。

馬桶其實是構造簡單的裝置，基本設計已有數百年的歷史。（許多人都以爲英國人湯瑪斯．克拉普發明了沖水馬桶，但事實並非如此。他只是改良馬桶的設計，藉此大賺了一筆。）北美最普遍的沖水馬桶是虹吸式馬桶，它最重要的構造就是水箱、馬桶本體和排汙通道。排汙通道通常呈S型或U型，彎道高於馬桶排水口後，就往下降到排水管，最後則進到下水道。

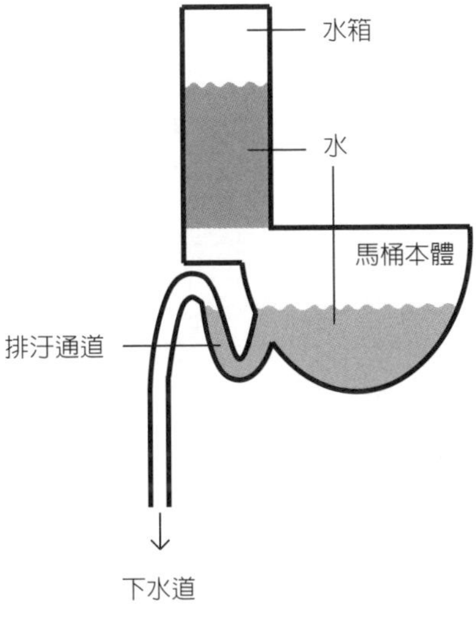

水箱起初裝滿了水。沖水時，水箱內的清水會流入馬桶中，促使水位漲到超過排汙彎道最高點，進而擠出排汙通道的空氣。而通道一旦注滿了水，神奇的事隨之發生：通道內產生虹吸作用，吸走馬桶內的汙水，再經排汙通道進入下水道。許多小賊正是運用虹吸現象偷汽油，只要把管子一端放入車子油箱，然後在另一端用力吸氣即可。當馬桶內水位低於排汙通道轉彎處，讓空氣重回通道內，虹吸作用就會停止。馬桶內的汙水一旦被吸走，水箱就會再度注滿清水，以備下回使用。整個運作過程十分順暢，只需要按下沖水把手即可。這樣簡單嗎？是還算簡單，畢竟只要花一個段落說明，但又沒簡單到人人都懂。實際上，你現在就是少數清楚馬桶原理的人。

想要對馬桶有徹底的了解，可不能只簡短描述運作機制。你需要陶瓷、金屬和塑膠方面的知識，才能理解馬桶的材質；你也需要化學知識，好明白水封的功用，避免水漏到廁所地板上；你還要具備人體知識，才曉得馬桶尺寸和形狀的差別。我們可以進一步主張，想完全搞懂馬桶的來龍去脈，更有賴經濟學的知識，了解它的定價方式和零件選擇，零件品質又取決於消費者的需求和意願。至於消費者爲何偏好特定的馬桶顏色？此則涉及了心理學的範疇。

無論是任何事物，都沒人能充分掌握其所有面向。再簡單的東西，生產和使用的背後都有繁複的知識網絡。自然界中眞正難解的事物就更不用說了，比方說細菌、樹木、颶風、愛和生物繁衍，又藏著何種機制？大部份的人連咖啡機的原理、膠水黏住紙的原理、相機焦距的原理都不懂，怎麼會懂愛這種複雜的情感呢？

我們的重點不在凸顯人的無知，只是要表示人沒自己想得那麼聰明。我們或多或少都被「理解的假象」矇蔽，誤以為清楚事物的本質，眞正所知卻十分貧瘠。

你們可能會想說：「喔，就算我不懂東西的原理好了，但是我沒有被假象矇蔽啊。我不是科學家，也不是工程師，不必了解那些東西。我只要懂了該懂的，就可以活得很好、做出正確的決定了。」你對哪個領域的理解最深呢？歷史？政治？經濟政策？你對自身專業領域眞的瞭若指掌嗎？

一九四一年十二月七日，日軍襲擊珍珠港。當時正值二戰期間，日本與德國是盟友，美國雖然尚未參戰，但站在哪一邊顯而易見，絕對支持英勇的同盟國，而非邪惡的軸心國。這些關於珍珠港事件的史實，我們應該還算熟悉，因此自認了解這起事件。不過，你眞的明白日本為何發動攻擊嗎？為何偏要挑美國海軍在夏威夷島的基地呢？你能否交代背後的來龍去脈？

原來在珍珠港事件發生前，美日兩國戰事就已一觸即發。當時，日軍勢力步步進逼，先在一九三一年佔領滿州、一九三七年南京大屠殺，又在一九四〇年入侵法屬印度支那。美國當初選在夏威夷設立海軍基地，就是要防堵日本的侵略。一九四一年，美國前總統羅斯福下令太平洋艦隊從聖地牙哥的基地前往夏威夷，日本會發動攻擊自然不大令人意外。珍珠港事件發生前一週，蓋洛普一項民調就已顯示，五成二的美國人預料美日很可能會打起來。

因此，與其說珍珠港事件被歐洲的戰事引爆，不如說是東南亞勢力長期對峙的結果。即使希特勒沒在一九三九年採取閃電戰侵略波蘭，日本還是很可能會偷襲珍珠港。這起歷史事件確實影響二戰期間的歐洲局勢，但是歐洲局勢並非該事件的導火線。

這類歷史事件所在多有，看起來並不陌生，讓人自認多少有些理解，但真正的脈絡卻迥異於原先所想像。繁雜的細節在時間的迷霧中消失了，取而代之的是各種迷思，將事件簡化得容易消化，部分是為了服務特定的利益團體。

當然，假使你仔細研究過珍珠港事件，真的能說得頭頭是道，容我們向你賠個不是，但這種情況純屬例外，因為沒人有時間研究一堆史料。我們敢打賭，除了部分你的專業領域之外，你對於許多史實的成因、發展和交互作用，其實所知甚少。但除非你認真思考自己真正了解什麼，否則就無法認清知識淺薄的事實。

我們絕對不可能什麼都懂，腦袋清醒的人壓根不會妄想。我們仰賴的是模糊又未經分析的抽象知識。但凡事總有例外，我們都見過喜歡細節如數家珍的人，有時說得讓人大開眼界。我們在自己的領域都是專家，通曉芝麻綠豆般的細節，不過對於大多數的主題，我們都只會把抽象資訊連在一起，這充其量只是感覺有很多知識，卻又說不出所以然。實際上，大部分的知識不過是連連看的大集合，找出東西或人物之間的最大關連，不去細分背後一則則的故事。

那為何我們不曉得自己有多無知呢？為何會自以為對事物已有透徹認識、具備理解世界的知識網絡，實情卻是天差地遠呢？為何我們活在理解的假象之中呢？

思考的目的

想釐清這種假象為何是思考的關鍵，就要先了解我們為何會思考。在演化過程中，思考大概有幾項功能，像是重現世界的樣貌——即在腦袋裡建構出一個反映真實世界的樣貌；也可能是要形塑語言，方便彼此溝通；或用來解決問題、做出決策；或專門用來製作工具、向心儀對象炫耀自己。這些說法也許各有道理，但思考理應是演化來實踐更宏觀的目的，可以一舉囊括上述功能，說穿了，思考是爲了行動。思考是從有效行動力演化而來，讓我們更有效率地達成目標。思考讓我們能評估每個行動方案的效用，想像若過去採取不同行動、現在可能有何結果，進而找到最適當的選項。

之所以這般主張思考的目的，有一項主因就是：行動比思考來得早出現。就連地球上最早的生物都有能力行動：演化初期出現的單細胞生物就已會進食、移動和生殖，還會對環境產生影響，進而改變環境。這些生物經過天擇，代表其行爲最能維持生存，而最有效益的行爲，也最能適應複雜世界的變化。假使你靠著吸取路過動物血液維生，那身旁一有風吹草動，當然要快快緊貼上去，但若能分辨出擦身而過的是美味的老鼠或鳥兒，而非無血可吸的風中落葉，當然就更有利生存。

想知道不同情境中應採取何種行動，最佳工具當屬能處理資訊的心智能力，例如視覺官能就必須具備複雜的處理能力，才能區分老鼠和葉子。其他心智能力也同樣關鍵——記憶力可依據過去經驗來決定最有效的行動，思考力則能大幅提升行動的效用。有鑑於此，思考就是行動的延伸。

理解思考的運作過程並不容易。一般人如何以行動爲目的來思考呢？又需要哪些心智能力才可以用記憶力和理性來達到目標？後文也會說明，人類特別懂得推論世界如何運作，設法找出因果定律。想預測某項行爲的影響，就需要去推理其中的因果；想釐清事情發生的緣由，則需要推理何項起因可能產生影響。這正是大腦主要的功能。無論我們思考的是物體、社會制度、其他人或家中狗兒，我們擅長於判斷各種行爲如何帶來影響。我們知道踢球後球會飛，但踢狗後狗會痛。我們的思考過程、語言和情緒都是用來進行因果推理，以幫助我們採取合理的行動。

因此，人類展現的無知才更加不可思議。倘若因果定律是挑選最佳行動的關鍵，爲何一般人對於萬物的原理缺乏細部理解呢？因爲大腦在思考時，善於汲取需要的資訊，其餘全部會被過濾掉。我們聽到別人說了一句話，大腦的語言辨識系統就會努力提取要點和深層意涵，忘掉確切的用字遣詞。我們遇到複雜的因果關係，同樣會設法摘要、忘卻細節。假如你喜歡搞懂事物的原理，可能會三不五時拆開咖啡機等舊電器，過程中你不會去記每個零件的形狀、顏色和位置，而是會找那些主要零件，設法了解它們如何相互連接，藉此回答水的加熱方式等大哉問。假如你像多數人一樣，沒興趣搞懂咖啡機的內部構造，那知道的細節自然更少，理解就僅限於你日常需要而已，像是如何操作咖啡機——這點你應該超熟了吧（？）。

腦袋不會記憶每項物體或情境的細節，因爲我們會從經驗中學習，進而套用到陌生的物體或情境上。我們在全新情境中的行動力，只取決於事物運作的深層規律，而非瑣碎的細節。

知識共同體

若我們只依靠腦中的有限知識和推理能力，絕對不會具備如此出色的思考能力。我們成功的秘訣，就是活在知識俯拾皆是的世界，知識存在於我們製作的東西中、我們自己的身體裡、工作環境，以及其他人身上。我們活在一個知識共同體中。

我們可以從別人腦袋獲取大量知識，親朋好友都有各自的專業領域。我們生活中若遇到問題，像是洗碗機動不動就故障，也可以向專業人士求救。電視上有學者和名嘴，分享著最新時事和知識。我們還有各式各樣的書籍，甚至只要動動手指，就能存取史上最浩瀚的資料庫——網路。

除此之外，東西本身也蘊藏著知識。有時，我們藉由研究家電或腳踏車的構造，就可以排除故障。幸運的話，故障的部分一目了然（要是常常這樣就好了！）。你也許不懂吉他發聲原理，但稍微玩個幾分鐘，觀察一下弦的共振，以及音調如何隨著弦長改變，也許就足以讓你對其有基本認識。探索一座城市的最佳方法，當然是實地在大街小巷中穿梭。城市本身就是知識的寶庫，包括街區的規畫、趣味橫生的景點，以及不同制高點的風光。

現今，我們可以獲得的知識量多到前所未見。看電視學會許多東西的製程或宇宙生成的奧秘已不稀奇，我們只要在鍵盤上打幾個字、藉助強大的搜尋引擎，幾乎任何跟事實相關的問題都能解答。我們往往會在維基百科或網路一隅找到所需資訊。不過，獲取自身之外知識的能力，並非當代社會才有的事。

無論古今，人與人之間一直都有認知科學家所稱的「認知勞力分工」。自從文明出現以來，人類就在群體、部落或社會中發展各自的專長，成為農業、醫療、生產、導航、音樂、說故事、烹飪、狩獵、打鬥等各種領域的佼佼者。有些人也許精通不只一項能力，但絕對不可能十項全能，或熟悉單一事物的全部面向。再厲害的廚師都有做不出來的料理，再優秀的音樂家都有不會演奏的樂器或音樂。沒人真的無所不能。

正因如此，我們才需要合作。群居的一大好處就是容易分享技能和知識。不意外的是，我們無法明確分辨知識是在自己腦袋或別人腦袋裡，因為我們通常兩邊的知識都會用到，說不定毫無例外。例如，我們兩位作者在洗碗盤時，得感謝有人製造了洗碗皂、有人知道如何讓水龍頭流出溫水。這些事我們都毫無頭緒。

技能和知識的分享其實比字面上來得複雜。我們人類並非像生產線的機器那樣，單純奉獻一己之力，還能夠通力合作、意識到合作對象的任務。我們一起專心致志，往共同的目標邁進。套句認知科學的術語，我們擁有相同的「意向性」（intentionality）。這是其他動物所缺乏的合作方式。實際上，我們也愛跟別人分享腦袋裡的知識，方式之一就是玩樂。

雖然我們的頭顱限制了腦袋的大小，卻無法畫定知識的疆界。所謂心智，其實延伸至大腦之外、包括身體、環境和他人，因此研究心智不能只研究腦袋。認知科學並不等於神經科學。

清楚表達個人所知並不容易，若要同時認清自身的無知更難上加難。想要加入知識共同體——在這個共同體中，你具備的知識僅有部分在你腦袋裡——就需要明白有哪些資訊可供使用，就算不在自己記憶中也一樣。知道哪些資訊能用可不是簡單的事，你腦袋內外的東西必須無縫銜接，我們的心智得連接外在環境和腦袋裡頭的資訊。人類有時會高估自己所知，但整體而言仍過得出奇地好，這正是演化了不起的成就。

現在，各位讀者有了足夠背景，能理解知識假象的起源。思考的本質，就是無縫汲取自身或周遭的知識。我們之所以活在知識的假象之中，是因為無法明確區分腦袋內外的資訊，這又是因為界限本來就不是涇渭分明。因此，我們才常常搞不清楚自己究竟哪些事不懂。

爲何要了解知識的假象？

這般理解了心智的運作後，有助我們解決高度複雜的問題。認清自身所知的侷限，理應會讓人更加謙卑，進而敞開心胸接受他人的觀念和思維，也教我們如何避免壞事發生，譬如做出錯誤的理財決策，還能改善我們的政治制度，幫助我們評估在信任專家和賦予選民決定權之間，應該如何拿捏。

在本書的寫作過程中，正值美國總統大選，政壇呈現巨大的兩極化現象。自由和保守兩大陣營都難以苟同對方的意見，造成民主黨和共和黨無法達成共識或妥協。就連良性法案都無法在國會通過，參議院百般阻撓執政團隊的司法和行政人事任命，只因爲這些任命案是敵對陣營所提出。

此一僵局的主因，就是兩黨政治人物和選民不曉得自己的無知。需要公共辯論的重大議題，通常也複雜得難以理解，只讀一兩份報紙絕對不夠。社會議題有複雜的成因，結果也難以預測，往往需要大量專業知識，才能眞的釐清不同立場的深層意涵，而有時單憑專業可能也不夠。舉例來說，警方和弱勢族群的衝突不能單純簡化成恐懼或種族歧視，衝突的起因還涉及個人生命經驗和期待、特定情境的變因、錯誤的訓練和認知等非常複雜的因素。假如每個人都懂這一點，社會可能就不會如此分化。

一般人不會正視議題的複雜，多半傾向服膺某項社會教條。我們與他人的知識密不可分，因此同一社群也形塑著個人的信念和態度。我們很難會去否定同儕的看法，導致我們甚至懶得去評估論述本身的價值，把思考的任務交給自己的社群。正視知識的共享本質，應該能讓我們以更務實的眼光，看待決定自我信念和價值的要素。

這也會改善人們的決策方式。我們難免都會後悔自己的決定，包括沒存退休基金、一時禁不起誘惑等。後文會提到，我們可以運用知識共同體，克服與生俱來的限制，進而提升整個知識共同體的福祉。

認清知識的共享本質，可以揭露我們世界觀中的偏見。一般人都愛英雄。我們吹捧著個人的力量、才華和俊美。各類電影和書籍推崇像超人那樣，單憑一己之力就拯救世界的角色。電視劇中常有優秀又低調的偵探，不僅能成功破案，還能在靈光一閃後，在最後關頭逮捕壞蛋。重大科學突破的功勞都由個人攬下，於是居禮夫人好像靠自己就發現了放射性物質，牛頓彷彿是與世隔離才發現了運動定律；十二、十三世紀期間，蒙古人征戰沙場的成就都歸功於成吉思汗；耶穌在世時，羅馬帝國的墮落通常都怪在彼拉多（Pontius Pilate，羅馬提督，在《聖經》中形容他爲下令將耶穌送上十字架的法官）一人的頭上。

實際上，在現實世界中，任何人都不是活在眞空之中。偵探擁有自己的團隊，其中成員定期開會，思考和行動都以團隊爲單位；科學家的實驗室裡，除了有研究生提供寶貴的意見，還有同事、朋友，以及進行類似研究、擁有相近想法的競爭對手，這些人都是科學家進步的動力；此外，也別忘了研究不同問題的科學同行，儘管有時領域相異，他們的發現和點子仍爲成功鋪好了路。一旦我們正視知識不只存在腦袋裡，更是由整個知識共同體所共享，我們心目中的英雄也會改變，不再專注於個人的成就，而會看到群體的功勞。

了解知識的假象對於社會演化和科技未來也有重大的意義。隨著科技體系日趨複雜，個人已無法掌握全部知識。當代的飛機就是很好的例子。現今，飛行仰賴的是飛行員和自動化系統的合作，而且大部分時間是由系統主導；操控飛機的知識分散在飛行員、儀器和系統設計師身上。由於這層知識是無縫接軌，飛行員不易察覺自我認知的落差，因此就可能沒料到迎面而來的災難，造成許多我們聽聞過的悲慘下場。若我們更了解自己，也許有助建立安全機制。另外，知識的假象也左右人們如何看待最劃時代的科技——網路。隨著網路愈來愈融入大衆的生活，知識共同體也比以往更加擴大，變得無比豐富且隨手可得。

其他的影響也不容忽視。由於思考並非獨立爲之，我們因而傾向團隊合作。這就意味著個人貢獻更取決於合作能力，而非個人思考的強度。個人的智慧常常被高估了，這也代表我們進行群體思考時，學習的效率更高。無論是哪階段的教育，最出色的教學方法都會提倡團隊學習。這對教育界而言並不新奇，卻沒有廣泛實踐於教學中。

我們希望你在讀完本書後，對於人類心智會有更深層的了解，並正視自身的知識和思想，其實多半仰賴著周遭的人事物。我們腦袋的運作固然神奇，但終究取決於別處的知識。

第一章

我們具備的知識

核武戰爭就容易形成假象。一九五〇年代，美國軍方核彈試爆計畫是由物理學家艾爾文．葛雷夫斯（Alvin Graves）主持。前言提到造成人員傷亡的「布拉沃城堡」試爆計畫，正是由他下令繼續進行。當時，葛雷夫斯理應是全世界最明白輻射風險的人。一九四六年，即「布拉沃城堡」計畫前八年，葛雷夫斯與其他七名科學家在新墨西哥州洛薩拉摩斯核子實驗室，看著研究人員路易斯．斯洛廷（Louis Slotin）進行一項困難的步驟，偉大的物理學家理查．費曼（Richard Feynman）稱之爲「搔弄龍尾巴」。斯洛廷正在實驗用於核彈的放射物質「鈽」，想觀察它的作用。該實驗是要讓以鈽爲核心的兩個鈹半球慢慢接近，鈽所釋放的中子遇到鈹就會反彈，導致更多中子被釋放。但實驗本身相當危險。假使兩個半球靠太近，就會引發連鎖反應，釋放大量輻射。身爲經驗豐富又才華出衆的物理學家，斯洛廷僅僅用扁頭螺絲起子來分開兩個半球。豈料後來螺絲起子滑落，鈽半球瞬間撞在一起，實驗室內八名物理學家立即曝露於致命劑量的輻射之中。斯洛廷首當其衝，九天後在醫院死亡。其餘成員最後雖從最初的輻射症狀復原，數人日後仍因爲癌症或其他疾病早逝，可能都跟該事故有關。

這些聰明絕頂的人，怎麼會如此愚蠢呢？的確，意外隨時隨地都在發生。我們都曾不小心被刀割傷手指，或關車門時夾到別人的手，但是一群聲譽卓著的物理學家，理應沒笨到只靠一把平頭螺絲起子，就想躲開致命的輻射汙染吧?!根據斯洛廷的一位同事所說，其實那次鉓實驗有其他更安全的進行方法，斯洛廷也心知肚明。舉例來說，他大可以固定住上半球，再慢慢抬起下半球，這樣一來，即使滑落或移位，因爲地心引力的關係，兩個半球也會安全地分離。

爲何斯洛廷這麼不小心呢？我們懷疑，這是因爲他也被我們都有過的假象矇蔽：自以爲了解事物的原理，實則不然。這些物理學家的詫異之情，想必你也不陌生，像是要修漏水的水龍頭卻弄到浴室淹水、想幫女兒解答數學問題卻被二次方程式難倒。我們常常起初自信滿滿，到頭來卻十分心虛。

這類案例只是隨機巧合，還是可以找出某種規律呢？一般人是否習慣高估自己對事物的認知？這些問題讓認知科學家法蘭克·基爾（Frank Keil）十分著迷。他在康乃爾大學服務多年，一九九八年到耶魯大學任教。他在康乃爾大學時，埋頭研究著常人對事物運作原理有何見解。他不久後便發現，這些見解既膚淺又片段，但他也遇到一項難題：科學上找不到好方法，對照一般人眞實的知識量與自認擁有的知識量。他起初嘗試的方法不是太耗時間、就是太難評分或受試者一昧瞎掰答案。後來，他忽然福至心靈，想到一項可避免上述問題的方法，展現他所稱的「說明深度的假象」（illusion of explanatory depth，又可簡寫爲IoED）：

「我清楚記得某天早上，我在自家淋浴間洗澡時，腦袋就浮現了整套IoED模型，那回洗澡洗得特別久，之後就衝到辦公室找里昂．羅森布里特（Leon Rozenblit），他那陣子都在跟我研究認知勞力分工。我們倆開始籌畫所有細節。」

研究無知的方法於焉誕生，只要請受試者說明某項原理，並反映該說明如何影響對於自我理解的評分。若你是羅森布里特和基爾的受試者，就會遇到以下這類問題：

一、若從一到七分自評，你對拉鏈原理的理解有幾分？

二、拉鏈的原理為何？盡可能詳述所有步驟。

若你像招募的多數受試者一樣，不是在拉鏈工廠工作，針對第二題說不出個所以然，代表你並非真的了解拉鏈的原理。因此，你在回答下面這個問題時：

三、現在，請再次以一到七分自評，你對拉鏈原理的理解有幾分？

這次，你就會比較謙虛了，自評分數隨之調降。在設法說明拉鏈原理後，多數人才意識到自己的無知，紛紛把自評降了一到兩分。

這類實驗顯示，一般人其實活在假象之中。受試者也坦承，原先以為自己對拉鏈很熟，實則不然。受試者第二次把自評分數調降時，就等於在說：「我比想像中來得無知。」沒想到，戳破人的假象居然這麼容易，只要請他們說明原理就好，而且不僅限於拉鏈。羅森布里特和基爾把問題改成計速器、琴鍵、沖水馬桶、彈簧鎖、直升機、石英錶和縫紉機，都得到相同的結果。每位受試者都有理解的假象，包括耶魯大學研究生、頂尖大學和區域公立大學的大學生。我們也發現，無論是常春藤名校、大型公立學校大學生，或在網路上針對美國人隨機抽樣測試，這樣假象都出現了無數次。我們還發現，一般人不只對日常物品有此假象，任何事物都是如此，像是稅務政策、外交等政治議題，或基改作物和氣候變遷等熱門科學議題，甚至個人理財都常高估自己的理解。我們長期研究了不同的心理現象，鮮少有現象如理解的假象這般根深蒂固。

這些實驗背後的意涵之一，就是一般人在說明原理的過程中，會改變自己對「知識」的看法。也許他們兩次在自評時，其實是針對不同的問題回答。他們可能把第一題解讀成「我在思考拉鏈時費不費力？」但在設法說明拉鏈的原理後，他們轉而評估起自己能清楚描述多少相關知識。假使如此，他們在第二次回答時，可能會把問題解讀成「我能說出多少關於拉鏈的知識？」這似乎不太可能，畢竟羅森布里特和基爾在提問時，給予了十分詳細又明確的指示。他們事前都清楚地告訴受試者，每個分數（一到七分）代表的意義。但即使受試者對問題有不同解讀，他們努力想解釋原理時，也更加了解自己，明白說得出口的知識比想像少很多。這正是「說明深度的假象」的重點。在眞正要說明之前，一般人總覺得自己的理解力不錯，開口說明後才發現不是這麼回事。即使他們因爲對「知識」定義不同而調降自評分數，也驚覺自身有多無知。根據實驗報告：「許多受試者表示非常訝異，實驗後也表現得比較謙虛，了解自己所知比想像來得貧乏。」

說明深度的假象，也可以用腳踏車的知識來驗證。利物浦大學心理學教授蕾貝卡．洛森（Rebecca Lawson）給心理學系學生看一張腳踏車的示意圖，只是車架上缺少了部分零件、鏈條和踏板。

她請學生把缺漏的零件畫上。你不妨試試看。車架少了哪些零件？鏈條和踏板又裝在哪呢？

這些問題出奇地難以回答。在洛森的研究中，約有半數學生無法畫出正確的外觀（下頁列出部分學生作品）。即使給他們看的示意圖中混雜了一張正確的和三張錯誤的圖片，再要他們挑選出正確的示意圖，答對率也好不到哪去。許多學生選了鏈條同時繞著前後輪的圖片，但眞要是這種結構，輪子根本轉不動。就連職業自行車手面對這項簡單的任務，也無法精準地把車身描繪出來。我們對於日常事物的理解居然這麼片面又淺薄，就連每天都會用到，而且運作原理顯而易見的東西也不例外。

我們的知識有多少？

由此可見，我們高估了自己所知，其實比想像得更無知。但我們究竟有多無知呢？有沒有可能測定自己的知識量？湯瑪斯·蘭道爾（Thomas Landauer）就試圖回答這項問題。

蘭道爾是認知科學的先驅，曾在哈佛、達特茅斯、史丹佛和普林斯頓等名校任教，前後還花了二十五年在貝爾實驗室把理論化爲實務。他在一九六〇年代展開研究生涯，那時認知科學家當眞以爲人類心智就像電腦。認知科學的興起，剛好現代電腦的發展同步。數學天才約翰．馮．紐曼（John von Neumann）和艾倫．圖靈（Alan Turing）奠定現今電腦運算的基礎後，外界開始產生好奇：人腦是否也以相同方式運作？電腦都有自己的作業系統，由中央處理器控制，依照一小套規則，讀取或寫入記憶體。早期的認知科學家認爲，人類心智也是如此。認知科學可以用電腦來比喻，譬如思考就像人腦中的電腦程式。圖靈聲名大噪的原因之一，就是依邏輯將這項看法延伸至極致——假使人類像電腦一樣運作，理應能設計出如法炮製人類能力的電腦。這項靈感促使他於一九五〇年發表了一篇流傳後世的論文，名爲「運算機器與智能」（Computing Machinery and Intelligence），設法回答「機器能否思考」這項大哉問。

一九八〇年代，蘭道爾決定用測量電腦記憶體的單位，推估人類記憶的容量。目前，一台筆電約有250至500 GB的長期儲存記憶體。蘭道爾巧妙運用了幾項技巧測量人類的知識量。舉例來說，他會推測一般成人的字彙量，計算需要多少位元儲存，再利用此結果推估一般成人的整體知識量，最後得到的答案是0.5 GB。

他推估的方法也截然不同。許多心理學家的實驗，都會請受試者讀一段文字、看幾幅圖片，或聽一些詞彙（可真可假）、句子或一段音樂。幾分鐘到幾星期後，心理學家再檢測受試者的記憶，譬如要受試者重現實驗當初播放的內容。這毋寧是考驗他們重述的能力，容易顯得太過嚴苛。你覺得自己能重述幾星期前只聽過一次的音樂嗎？蘭道爾分析了一些較不困難的實驗。這些實驗多半是測試辨認能力，看看受試者是否會把新舊內容（通常是圖片、詞彙或一段音樂）搞混。部分實驗要求受試者在數樣物品中，挑出一樣先前看過的物品。這項考驗記憶力的方法很不牢靠，即使記憶力不好的人依然可以表現得很好。爲了測量一般人的記憶力，蘭道爾把受試者分成看過物品和沒看過物品兩組，藉此觀察辨識表現的落差。這是檢測記憶力最純粹的方式。

蘭道爾的高明之處，在於把記憶容量（即兩組辨識表現的落差）除以受試者當初所花費的學習時間，來得知他們記住資訊的速度。同時，他也考量到受試者的忘性。値得注意的是，分析結果顯示，無論實驗細節或學習題材爲何，受試者吸收資訊的速度大致相同，也就是無論是圖片、文字或音樂，受試者的學習速度都差不多。

接著，蘭道爾假設受試者活到七十歲學習速度仍維持不變，藉此計算起他們既有的資訊量（即具備的知識多寡）。無論他使用哪項計算方法，答案都接近1GB。雖然他未宣稱這項結果絕對正確，但就算有十倍的誤差，即知識量是10 GB或0.1 GB，依然少得可憐，遠比不上現今筆電的龐大容量。人腦所儲存的知識並不多。

從一個觀點來看，這項結論太令人震驚了。世上的知識無遠弗屆，我們身爲心智健全的成人，明明知道很多事啊。我們看新聞不會看得一頭霧水；我們能與人交談，討論各式各樣的議題；我們觀賞益智節目時，至少能答對一些題目；我們都會說至少一種語言。相較於可裝在背包裡隨身攜帶的小小筆電容量，我們擁有的知識量理應毫不遜色才對。

但除非你相信人腦運作就像電腦，否則其實沒什麼好震驚的。你只要想想我們身處的世界有多複雜，人腦像電腦般儲存記憶的理論就不攻自破了。即使我們記得住大量資訊也沒用，因爲外頭的知識實在無窮無盡。

認知科學家不再像以前那樣，認眞看待人腦像電腦的比喻了。不過，這個比喻仍有其用處：人類特定的思維模式確實像電腦程式，尤其是那種慢條斯理、按部就班的深思熟慮，而非草率地仰賴直覺反應。不過，現代的認知科學家多半會強調人腦與電腦的差異。我們在思考時，深思熟慮只占了大腦活動的一小部分。認知多半由潛意識中的直覺念頭所構成，它同時處理著數量龐大的資訊。舉例來說，一般人在腦中搜尋某個字時，並非逐一比對字詞，而是同時搜尋整個資料庫，也就是腦袋裡的字典，心目中的字通常就會浮現。這完全不同於電腦和認知科學發展初期，馮．紐曼和圖靈所構想的那種運算模式。

更重要的是，人類之所以不是電腦，是因爲我們思考並非靠中央處理器讀取或寫入記憶體。後文也會詳細說明，人類仰賴的是自己的身體、周遭環境和其他人的腦袋。我們再怎麼厲害，也不可能把世上知識全塞到自己的腦袋裡。

要了解世界有多複雜，不妨思考不同的複雜起因。人類製作的東西中，有些是設計得複雜。根據豐田汽車的資料，當代汽車大概有三萬個零件。但眞正複雜之處不是零件數量，而是無數的零件設計和相互連接方式。想想看，汽車設計師要煩惱多少細節：外觀、馬力、效能、操控、可靠性、尺寸、安全等。除了一般常見的步驟，生產當代汽車還有很重要的一環，就是估算並測量其振動幅度，這會決定車子的噪音多寡和振動大小。現在的汽車構造太過複雜，青少年不可能像以前那樣，隨便打開引擎蓋用鉗子胡亂拆裝也沒差。修理或調校汽車需要非常多的專業訓練，以及非常多的電動工具。如今，青少年想當業餘的黑手，一定得找引擎結構簡單的老爺車下手，否則很難弄懂其中構造。即使是專業技師也經常發牢騷，說自己早就不修車了，只會看電腦系統的指示更換模組。

無論是民航機或鬧鐘收音機，只要運用當代科技，複雜度都超乎想像。當代飛機複雜到沒人百分百地了解。不同的人了解不同的面向，有些人是飛行力學的專家，有些人是導航系統的專家，有些人的專長是噴射引擎，有些人則研究座椅的人體工學，好讓飛機經濟艙載運旅客時，能跟品客洋芋片裝罐一樣有效率。另外，鬧鐘收音機等當代消費電子產品，同樣複雜到就算壞了也不值得送修。我們只會直接丟掉，再買新的就好。

但是，這些人類發明的複雜度跟自然環境相比，根本是小巫見大巫。你只要仔細觀察，就會發現岩石和礦物遠比看起來複雜。科學家仍無法徹底理解許多自然現象，譬如黑洞的運作原理，甚至不確定爲何冰摸起來滑滑的。但若你想體會何謂眞正的複雜，就隨便拿本生物學教科書來讀吧。就連癌細胞這類微生物，都需要數千名科學家和醫師的通力合作，只爲了釐清它的本質、種類、增生與死亡的原因，以及跟一般細胞的差異。倘若科學和醫學能回答這些問題，人類就能告別種種歸類於「癌症」的疾病。儘管科學和醫學日新月異，前方依然有許多待解的難題。

多細胞生物的複雜度更是倍增。姑且舉個極端的例子：神經系統。即使是海蛞蝓，都有約一萬八千個神經元。就演化的標準而言，果蠅和龍蝦其實很聰明，都有超過十萬個神經元負責處理資訊；蜜蜂有將近一百萬個神經元。可以想見的是，哺乳類動物的複雜度完全是另一個等級：老鼠有約兩億個神經元，貓有十億個神經元，人類的神經元數量更是不下千億。而人腦中最後才演化出來的大腦皮質，複雜度是區別人類與其他動物的關鍵，具有兩百億個神經元。由此可見，腦袋裡眞的有夠忙碌。

儘管腦中細胞的數量如此可觀，仍不夠我們保存生活中大大小小的細節。外頭的世界太複雜了。諷刺的是，人腦本身就是複雜到費解的最佳範例。你研究起如此龐雜的系統時，深入了解細節根本是妄想。儘管如此，神經科學家過去二十年來的研究大有進展，可以描述單一神經元的運作，以及腦部主要功能的區域，這些區域通常擁有數百萬個神經元。這些神經科學家描述了許多腦內系統，而認知神經學家也愈發了解這些系統與不同功能的關連。其中了解最深入的應該是視覺的原理。科學家曉得光如何進入眼睛、如何刺激大腦，再由枕葉判讀出不同意義的外界特性（像是動作、方向和顏色）。我們甚至還曉得哪些區域在受到刺激後，有助我們辨認物體（顳葉）並加以定位（頂葉）。

然而，大腦會對哪些實體面向作出反應？運作過程又是如何？神經科學家知之甚少。科學家尚未解答的難題包括：哪些能力屬於先天？哪些屬於後天？我們會遺忘哪些事物？遺忘速度有多快？意識的本質和目的分別爲何？所謂情緒究竟爲何？我們能控制多少情緒？一般人（以及嬰兒）如何辨別他人的意圖？大腦在演化過程中變得無比複雜，教人很難看清它全部的樣貌。

科學家還想了解另一個複雜系統：天氣。氣象學家在天氣預報方面已有長足進步。許多極端天氣型態都可於數天前就預測到，這是一、二十年前無法企及的成就，這是所謂的「短期預報」，由於現今可以取得更多天氣數據、更精準的天氣模型與更快的運算速度，因此短期預報得以改善。這稱得上是大幅的進展。天氣跟人腦一樣，是高度複雜的系統，其中有無數的變動因子，結果取決於因子的繁複互動。不同地區的天氣取決於近期陽光多寡、海拔高低、距山區遠近、附近是否有大型水體保溫或吸熱、附近是否有重大天氣型態（颶風和雷雨）、周圍氣壓分布情況等。

這些變因統統要整合到天氣預報中並不容易。實際上，氣象學家仍無法精準做出特定預測，像是龍捲風下次會侵襲何處。另外，長期天氣預報還有很長的路要走（說不定永遠都辦不到）。你可以相信接下來數日的天氣預報（前提是願意冒著偶爾不準的風險），但別期待預報會出現接下來數週的天氣。當然，我們大致了解長期下來的氣候變化，但這無助於精準預測短期的天氣型態。我們曉得氣候變遷會帶來極端天氣，卻不曉得發生的型態和地點爲何。

我們想了解的事物中，有些複雜到難以想像，就連推論都無從下手。假設你正要參加同學會，想猜猜前男友或前女友是否會出席，不過你們倆早就失聯了，也多年沒聽到對方的消息。你當然可以根據粗略的事實來猜測，像是同學會的平均出席率等；朋友或許也能告訴你某人出席的可能性，你甚至能根據前任與以前同學關係好壞，以及印象中對方的念舊程度來猜測。不過，你再怎麼猜，都猜不到對方是否住得夠近、是否付得起交通費，或是否已不在人世。對方可能已婚或離婚、有好幾個小孩要養、換了好幾份工作或正在吃牢飯。說穿了，對方後來的人生軌跡有無限可能，你根本不可能憑空猜對。

戰略家就十分熟悉這項問題。無論怎麼推演敵軍的攻擊方位，最後攻擊仍可能從意想不到的地方發動。敵軍攻擊方位的可能性有高（陸地或海上）有低（挖地下隧道或用木馬屠城計）。而由於敵軍不希望你猜到攻擊從何發起，因此可能性低的方位說不定可能性反而才高。

有時，我們不只得預測可能性低的事，還得預測連說都說不清楚、不曉得應否擔心的事件。唐納·倫斯斐曾經先後擔任美國前總統福特和小布希的國防部長。他說過一句名言，區分不同種類的知識：

世上有已知的已知，即我們知道自己知道的事物。世上也有已知的未知，即我們知道自己不知道的事物。但是，世上還有未知的未知，即我們不知道自己不知道的事物。

己知的未知尚可以解決，也許有一定的難度，但至少清楚要做何準備。假設軍方知道敵人要發動攻擊，但不確定時間或地點，就可以要後備軍人待命、備妥武器裝備，並且盡可能保持機動。二〇〇一年初，紐約警方知道世貿中心是中東恐怖分子的攻擊目標，畢竟世貿中心曾於一九九三年遭炸彈攻擊，造成六人死亡、千餘人受傷。於是，警方加強了數項安全措施，譬如增加中心警衛人數、裝置車輛防護欄等。

但眞正的問題都源自未知的未知。當你面對未知的未知，怎麼可能做好準備？誰料得到在二〇〇一年九月十一日，民航客機會被劫持來當成飛彈，造成世貿中心崩塌呢？此次攻擊改變了美國人對國安的看法，引發日後中東的一連串災難，包括阿富汗、伊拉克和敘利亞內的重大戰爭、全新戰爭型態與新興恐怖組織。

未知的未知除了會打亂戰略家的陣腳，更是所有人都要處理的問題。這種未知會讓股票交易在本質上充滿風險，因爲永遠不曉得何時會有災難重挫市場。二〇一一年日本東北大地震與海嘯重創部分地區，象徵日本股市指標的日經指數也重跌一・七％。未知的未知無論是悲劇或好運（像在後院挖到寶藏），都可能讓家裡雞飛狗跳。知識再淵博都猜不到未知的未知，未知卻隨時都在發生。

在人類必須理解的事物中，許多都有極高複雜度，即使再仔細觀察也一樣。在數學上，具備此類特質的現象通稱「碎形」。森林是由眾多樹木構成、樹木是由眾多枝椏構成、枝椏是由葉子構成、葉子本身則刻著像血管般複雜的脈紋。若你用高倍數顯微鏡觀察葉脈，就會看到細胞層級有同樣複雜的結構。碎形的每個層級都十分複雜，自然界充滿了碎形的圖案，典型的例子就是海岸線。若你搭飛機從三萬英尺高空眺望英國海岸，就會看到一條參差不齊的交界線，切割出海水和陸地。無論你距離多近，海岸線邊緣依舊參差不齊。即使你站在海灘上，用放大鏡盯著位於海水邊緣的岩石，還是會看到類似的形狀。看得愈仔細，問題就愈多，永遠都會有不了解的東西。

即使看似簡單的日常物品，都有許許多多的面向，不亞於碎形的複雜度。想要充分了解髮夾，就要了解髮夾所有可能的用處：不同的製作原料、原料從何而來、髮夾製作方式、販售地點和對象。若要充分明白上述問題的答案，就必須先解答其他問題。想要充分了解髮夾的買家就需要分析髮型，這又會需要了解時尚產業與其潛在的社會結構。電腦科學家把這類所需資訊倍增的問題，稱作「組合爆炸」（combinatorial explosion）。若想要有透徹的理解，就必須不斷增長知識，而全部知識加總起來很快就會超過你的負荷，想不「爆炸」都難。

混沌理論這項數學工具，同樣能展現世界複雜到令人咋舌。在混沌體系中，任何事起初的微小不同，最後都可能導致巨大差異。最著名的比喻就是，中國隨便一隻蝴蝶拍動翅膀，美國那頭可能會出現颶風。在混沌體系中，再細微的差異都會加以放大，宛如跌落懸崖那般重力加速度。古生物學家史蒂芬・傑伊・古德（Stephen Jay Gould）曾說明混沌狀態如何增添歷史研究的複雜度：「一開始莫名發生的怪奇現象，導致未來一連串的後果，回顧起來卻看似命中註定。但是，起初只要輕輕推至不同軌道，歷史就朝向另一種可能發展，偏離原先道路愈來愈遠。開始的擾動看似無足輕重，造成的結果卻已大不相同。」古德認爲一切事件回顧起來都看似命中註定，這正是人類無知的深刻註解——我們就是看不清事情發生的遠因。

假象的誘惑

現在，我們知道人類出奇地無知卻沒有自知之明，也知道世界遠比想像來得複雜。若我們這麼無知，爲何沒被世界的複雜所震撼？明明才具備那一丁點知識，怎麼有臉四處賣弄、說話頭頭是道又瞧得起自己呢？

答案就是：我們自欺欺人。我們高估了自己對事物運作原理的了解，一廂情願地認爲自己很有知識，因此無視世界究竟有多複雜。我們自以爲理解當下發生的事，看法都基於自身知識、行爲基於自身信念，儘管事實並非如此。我們看不清世界有多複雜，所以才容忍得了複雜。這正是理解的假象。

我們都聽過小小孩打破砂鍋問到底，直到大人不耐煩地用「沒有爲什麼！」結束對話。孩子下意識明白事物很複雜，詳細說明只會引發更多問題。我們不妨這麼思考：所謂說明深度的假象，代表成人忘了事物本質的複雜，便決定不再問問題了。由於我們沒察覺到自己已停止探索世界，最後就自認很了解事物如何運作。

最後，我們會處理一項更深層的問題：不去問如何容忍複雜，而是問如何處理複雜。人類明明如此無知，何以有輝煌的成就呢？原因是我們很擅長認知勞力的分工。不過，在了解我們如何彼此分享知識前，首先就要了解個人的思考模式。

第二章

我們思考的目的

你想要加強自己的記憶力嗎？想不想過目不忘呢？聽起來好像很棒，對吧？

大名鼎鼎的阿根廷作家波赫士（Jorge Luis Borges）在《博聞強記的傅內斯》（*Funes the Memorious*）這則優異的短篇故事中就探討了這項問題。主角傅內斯是名住在烏拉圭邊境小鎮弗拉本托斯的年輕人，擁有超凡的記憶力：

> 我們瞄一眼只能注意到桌上三個玻璃杯，傅內斯卻能記得葡萄藤上所有葉子、卷鬚和果子。他熟記著一八八二年四月三十日破曉時分、南方天空雲朵的各種形狀，憑記憶即可比喻作只看過一眼的西班牙裝禎書本斑駁紋路，以及革命愛國運動叛亂前一夜、內格羅河上一把船槳激起的泡沫輪廓。這些記憶一點也不簡單，每幅視覺畫面都伴隨著觸感、溫度等。他可以重建所有的夢境和半夢半醒的時刻。還有兩三回，他重建了一整天的回憶；回憶時他沒半點遲疑，但每次重建需要一整天的時間。

這聽起來很像超能力，而就跟超級英雄一樣，傅內斯的能力其來有自，但沒像遭輻射汙染的蜘蛛咬傷、被伽瑪射線照到那麼神奇，他的超強記憶力是因爲某次落馬重創頭部所致。

波赫士善於將奇幻元素融入日常情境，上面的短篇過去都被視爲奇幻故事。但到了二

○○六年，加州大學爾灣分校與南加州大學學者伊莉莎白・帕克（Elizabeth Parker）、賴瑞・卡希爾（Larry Cahill）與詹姆斯・麥考夫（James McGaugh）共同發表了極其特殊的個案研究，對象是一位匿名ＡＪ的病人。ＡＪ跟傳內斯有許多共通點。她記得幾乎所有的人生經歷、每一頓飯與每次交際的所有細節。

她在寫給麥考夫的電子郵件中說明此事：

> 我今年三十四歲。打從十一歲以來，我就有著不可思議的記憶力，可以重述過去的經驗，而且不只是片段的回憶喔！我最早的記憶是躺在搖籃裡，那時剛開始學走路（大約一九六七年）；不過，隨便從一九七四年到今天之間挑個日期，我都能告訴你那天是星期幾、我一整天的行程、有無發生重大事件等。我不必事先看日曆，也不必翻閱過去二十四年的日記。每當我在電視上（或任何地方）看到日期閃過，腦袋就會自動回到那天，想起我人在哪裡、在做什麼事、星期幾等各式各樣的小細節。

此一症狀叫作「超憶症」（hyperthymesia），又稱作「超強自我記憶症」（highly superior autobiographical memory），可謂非常罕見，僅出現在極少數的人身上。

多數人連鑰匙放哪裡都記不得，AJ的記憶力顯得有如神助。不過，也許我們不必如此驚嘆。就電腦運算而言，儲存還是比較容易解決的問題。電腦發明後沒多久，我們就開始學習如何高效率地儲存大量資訊，電腦容量也以倍數成長。寫作本書當下，亞馬遜網站上1TB隨身碟售價不到一百美元，尺寸跟一包口香糖差不多，可以容納本書文字量的兩百萬倍左右、二十萬首歌或三十一萬張照片。

假如電腦能儲存這麼多資訊，你也許會想說人腦也能辦得到，畢竟超憶症的存在代表人腦有能力儲存海量的細節，但爲何我們沒這樣的記憶力呢？

答案就是，人腦並非由電腦工程師所設計，而是由演化力量所形塑，用來解決特定的問題，記得一大堆細節並沒幫助。波赫士就明白這點。不妨看看以下傳內斯描述自我能力時，他如何先鋪陳了崇拜與敬畏的口吻：

> 單憑我一個人的記憶，就超越自古以來所有人類的總和……我做夢時就跟你們清醒時差不多。

接著卻話鋒一轉，變成平淡無奇的用詞：

我的記憶啊，先生，就跟一堆垃圾沒兩樣。

AJ的經驗也顯示，她的「超能力」其實並沒那麼「超能」。對她而言，超憶症是一種恐怖的負擔：

這項能力停不下來、無法控制又累得要命。有人說我是人肉日曆，有人則嚇得逃之夭夭。最後得知我有這項「天賦」的人，反應都是大吃一驚，然後開始拋出一堆日期想考倒我……我目前沒被考倒過就是了。大家都說這是天賦，但我只覺得這是負擔，我每天都要重溫自己的人生，簡直快被逼瘋了！

也有人跟AJ同病相憐。二〇一三年，美國國家廣播電台的報導提到，已知的五十五名超憶症患者中，絕大多數都飽受憂鬱症之苦。

想了解爲何超強記憶力不如想像中美好，我們就要話說從頭，想想人類爲何要思考，演化要讓思考來解決什麼問題？

腦袋有什麼用?

幾乎所有動物都有腦袋。動物在早期演化出神經元等特色來適應環境後，便從其他生物分支出來。就算是缺乏完整腦部的動物也有神經系統，即由神經元組成的網絡，協力處理接收的資訊。相較之下，植物就沒腦袋，也沒演化出能處理資訊的細胞網絡。

動植物的差異不勝枚舉，但最基本的區別就是，動物能展現精細的行爲，也能以多元方式因應環境變化。植物當然也可以複雜得令人目眩又著迷（例如衣笠草，這種植物所擁有的基因組是人類的五十倍），卻沒有精細的行爲能力。因此，我們輕易就能砍樹或摘花，畢竟它們毫無抵抗能力。植物毋需精細的行爲也能找到演化的利基，最重要的適應能力當屬光合作用。我們動物要是站在陽光下就能獲取營養，生活想必會大不相同。

有些植物能展現很簡單的行爲，像是讓葉子朝太陽照射方向生長；有些植物能依附在其他東西上；有些甚至遭碰觸後會自動縮起來。我們最常拿來舉例說明「類動物」行爲的植物，就是肉食性捕蠅草。在捕蠅草的生存環境中，土壤缺乏特定重要養分，因此爲了補充這些養分，演化出捕食昆蟲的能力。捕蠅草的捕食機制堪稱自然奇觀：兩片耳垂狀的葉子會分泌蜜汁，藉此引誘昆蟲靠近，再趁機合上兩片葉子。葉緣上的刺毛只要受到刺激，就會自動出現一連串化學反應，讓兩片葉子迅速閉合，隨之分泌消化酵素。

這項捕獵行爲本身十分呆板，代表捕蠅草並不聰明。演化也賜予它們控制方法，避免出現嚴重誤判。舉例來說，葉子閉合的前提是，刺毛得在短時間內受刺激兩次，方便捕蠅草區別上頭是爬行的昆蟲，還是雨滴或碎石。儘管如此，捕蠅草依然很好騙。

你可以把捕蠅草想成資訊處理系統。環境刺激會被轉換成是否要閉合的訊號，再由一套相當繁複的自動化程序執行。別忘了，資訊處理是在捕蠅草內部進行，而且很難去重新排列或改變這些處理機制。捕蠅草已演化出還算可靠的閉合原則，尙未往更加複雜的方向演化下去。

我們在前文提到，幾乎所有動物都有腦袋，唯一例外就是海綿，無怪乎牠也是唯一無行爲能力的動物。海綿只會靜靜坐在海床上，具備的生理機制能從海水濾出養分，再將體內廢物排至海水中，日常生活可謂十分平淡（不過海綿大概不在意吧？）。

只要動物長出神經元和神經系統，行爲複雜度就會爆增，再繼續高速成長。這是因爲神經元是複雜多變系統的基石，演化藉此發展更加龐雜的資訊處理機制。

就拿水母這個原始動物爲例。水母擁有動物界中最簡單的神經系統，甚至稱不上是眞正的腦袋，而且只有約八百個神經元，但行爲就已比捕蠅草複雜許多，可以依水中鹽分高低有所反應，也能從事基本捕獵行爲：牠們會看準獵物快速伸出觸手，再把獵物從觸手移到嘴巴吃掉。另外，牠們也有躲避天敵的技巧。不過，我們不必太過讚嘆水母的能力，畢竟牠們多半只在水中漂來漂去罷了。

腦袋再大一點，神奇的事就發生了。具備數以千計個神經元的動物，就會出現眞正複雜的行爲，像是逃跑和運動能力；神經元數量若達到百萬以上，就能像老鼠一樣走出迷宮、幫幼子築巢；神經元數量若達到數十億，就能人類一樣創作交響樂、建造太空船。

靈光的腦袋

若你曾在五、六月滿月之間去過新英格蘭的海灘，很可能見過一幅奇景：許多大西洋馬蹄蟹（又稱美洲鱟）在岸上交配。這些馬蹄蟹終年都住在海中，但此時期會成群上岸交配產卵，動輒數以千計。二〇一二年某個晚上，志工在德拉瓦灣的海灘上進行統計，結果整晚共有十五萬七千零一十六隻馬蹄蟹上岸交配。

馬蹄蟹的求偶儀式至今已持續四億五千萬年了，是現代人類歷史的兩千兩百五十倍。爲何這個物種在地球上存活如此之久？牠們有什麼特殊的能力嗎？牠們的腦袋裡又有什麼機制，造就這般強韌的生命力？

生理學家霍爾登·哈蘭（Haldan Hartline）深入研究這些問題，並且在一九六七年獲得諾貝爾獎。有時，看似再平凡不過的現象，卻會帶來最驚人的科學發現。哈蘭任教於賓州大學，距離東岸海灘不遠，便於在五、六月滿月之間到海灘抓些馬蹄蟹回實驗室。

馬蹄蟹的腦部結構相對單純，科學家可以明確指出其功用。正如第一章所說，腦袋通常很難理解。人腦有大半功能過於複雜，依然是個謎團。馬蹄蟹的腦部結構簡單，反倒非常適合研究腦部生理。現今，這也是我們最熟悉的自然界神經系統。馬蹄蟹的腦袋有幾項功能，最重要的是視覺感知，這也是哈蘭研究的主軸。

馬蹄蟹有兩隻複眼，分別位於其頭胸甲兩側。每隻眼睛有約八百個感光細胞，叫作「小眼」。小眼受到光線刺激時，會發出訊號給大腦，反映光線強度。因此，馬蹄蟹的視覺系統根據眼睛所接收的光線，能建立某種強度示意圖。

哈蘭的重大發現是，馬蹄蟹腦部中的光線強度資訊，並非完整呈現環境光源，反而會規律地產生變化。眼睛某個區域發送強烈訊號時，附近區域的訊號就會弱化，這是所謂的「側抑制作用」，重點來說就是視覺刺激的對比，明亮區域比陰暗區域更加凸顯。這大致類似運用訊號處理演算機制，重新製作多年來褪色或失去對比的舊照片或影片。對於馬蹄蟹而言，側抑制的結果就是，光線較強的區域就會特別凸顯，附近區域則較爲黯淡。

哈蘭的研究帶來許多新問題，但最迫切的問題也許是：爲何馬蹄蟹演化出這項能力？提升視覺刺激的對比有何用處呢？

一九八二年，以哈蘭學生羅伯．巴洛（Robert Barlow）爲首的研究團隊進行了一項實驗，設法解答上述問題。根據演化法則，交配是最重要的行爲（我們有些朋友也這麼認爲）。巴洛的研究結果顯示，馬蹄蟹視覺系統的側抑制是找到配偶的關鍵。巴洛製作了形狀和顏色各異的水泥盒，並趁交配季節把盒子擺在海灘上。結果雄馬蹄蟹跟捕蠅草一樣，並沒那麼聰明，竟不斷試圖要跟水泥盒交配。不過，重點在於牠們示愛的對象，僅限形狀、跟沙子對比的色調最像雌馬蹄蟹的水泥盒。這點顯示視覺是馬蹄蟹尋找交配對象的關鍵，有助他們找到最接近雌馬蹄蟹的物體。

想像一下，現在有隻雄馬蹄蟹爬上岸，首要目標就是快速找到異性交配。牠也許從沒見過這片海灘，當時天氣可能晴朗或多雲，說不定還有一堆海草或漂浮木遮蔽視線，身旁一堆競爭對手也有相同目標；更糟的是，雌性數量遠少於雄性。因此，快速發現落單的雌馬蹄蟹並火速達陣，決定了繁殖後代的成敗。現在，側仰制作用的好處昭然可見。提升視覺刺激的對比，有助在嘈雜的環境中，讓雌馬蹄蟹的漆黑頭胸甲更爲顯目，若雄馬蹄蟹的這招愈在行，覓得佳偶的機率愈高。

雄馬蹄蟹的眼睛處理周遭資訊的方式，讓牠比較容易找到交配對象。多虧了這項能力，牠也比較不容易被環境條件矇蔽，像是太陽是否出來或沙灘上是否有海草，也更容易發現雌性的蹤影，不致受到視覺條件限制。不過，牠仍會被塗漆的水泥騙到，畢竟牠只注意極簡單的外觀特性，而只要狀似雌性的東西都有此特性。

隨著腦袋愈大、愈複雜，腦袋運作與環境因素的距離也就愈來愈遠。想了解這點，不妨想想臉部辨識能力。人類辨識臉孔的能力出奇地優異，這其實是資訊處理的一大難題。粗略而言，每個人看起來其實很像：身高差不多，一雙眼睛、一只鼻子和一張嘴巴的位置大略相同。然而，一般人卻能區分數千張略有差異的臉孔。這之所以困難，是因爲我們必須能認出不同狀態下的同張臉孔。每當我們看到一張臉，都在視野的不同方位，可能化了妝或蓄了鬍，光線也來自不同位置，留下不同投影。若我們腦袋只依眼睛接受的刺激辨認臉孔，結果勢必會很不準確。

最近，我們看到一張演員丹尼·狄維托（Danny DeVito）高中畢業紀念冊裡的照片（居然還蠻帥氣的）。值得注意的是，照片確實是狄維托本人。假如你把這張畢業照與他的近照兩相對照，就會發現很難找到任何視覺上相似之處。然而，我們卻能判斷兩張照片是同一個人，這是怎麼辦到的呢？

答案就是，我們的臉部辨識系統十分精密，足以區分不同面孔的潛在特徵。假如丹尼·狄維托臉上有疤或其他特徵，辨識起來就輕而易舉。若疤痕夠大，無論光線明暗、化妝與否或視角為何都會很明顯。但問題在於他臉上沒疤，因此我們的臉部辨識系統得仰賴更抽象的特徵，才認得出丹尼·狄維托。舉例來說，五官的相對位置就是辨認的重要因素。人類可以偵測雙眼距離的細微變化，以及嘴巴、鼻子和眼睛的相對垂直位置。

臉部辨識如此，其他辨識亦然。所謂聰明，就是能從大量進入感官的資訊中，提取抽象的潛在資訊。具備複雜大腦結構的動物，不只會對光線、聲音、氣味產生反應，還會察覺周遭環境的深層抽象特質，因此能偵測不同情境中，極細微又複雜的相似與相異之處，進而採取有效的行動，即使是沒遇過的狀況也一樣。

深層抽象資訊之所以有幫助，是因為可用來從複雜無比的可能中，挑出我們有興趣的事物，而且不受呈現的方式影響。舉例來說，我們能用抽象資訊來辨識熟悉的旋律。一旦你聽過布拉姆斯的搖籃曲，之後就算換了大調或換了樂器，甚至演奏時有幾個錯誤，你依然能辨認得出來。不管是什麼讓我們能認出熟悉的曲調，都不會是在特定場合聽過相同音樂的回憶，而會是某個十分抽象的東西。我們隨時都要憑著這份抽象資訊來辨認東西，甚至連自己的行爲都沒察覺。

傅內斯的詛咒

深具遠見的波赫士很清楚，什麼事都記得其實有礙大腦從事最擅長的事：抽象思考。因此，傅內斯才會說自己記了一堆垃圾。這些垃圾讓他無法整理歸納資訊，可能看過某個毛茸茸的四腳生物好多遍，卻不曉得其實都是同一種動物：

別忘了，他的腦中幾乎無法產生普遍或抽象的想法。他難以理解「狗」這個籠統的符碼，其實包含許多大小和形狀相異的個體：三點十四分的狗（從側面看）與三點十五分的狗（從正面看）居然有相同的名字，令他難以理解。

多數人都沒有超憶症，因爲這會妨礙我們演化而來的任務。大腦忙著篩選出最有用的資訊，藉此決定行動方案。若什麼事都記得，就難以專注於抽象原則，認清今昔狀況的相似處，也就不能採取有效行動。

至於人類心智演化的目的，學界有各式各樣的見解。美國小說家愛德加・萊斯・巴勒斯（Edgar Rice Burroughs）筆下的泰山不同於其他猿人，因爲他能理性思考（也能刮鬍子）。另外有學者提出不同主張，像是人類的心智是演化來輔助語言，或方便人際互動、狩獵、採集、導航或適應環境變遷。我們並不反對以上任何看法，實際上，這些看法很可能都沒說錯，因爲人腦演化目的其實更爲籠統，足以涵蓋上述所有事——加強我們有效行動的能力。懂得思考的生物比競爭對手更有機會生存下來，就是因爲比較會採取短期與長期都有利自己的行動，這會大幅影響我們該如何理解思考的形態。

腦袋愈加複雜，就愈懂得因應環境中較深層、抽象的徵兆，也因此更能適應陌生的情況。這正是了解知識假象的關鍵：記憶細節通常無關乎有效行動，我們只要掌握大局即可。有時，記太多細節會適得其反，由超憶症患者和傅內斯的例子可見一斑。

假如我們在演化過程中，環境需要有效行動以外的能力，人腦很可能會依照不同的邏輯發展。假如生存的環境鼓勵凡事賭上一把，我們說不定都會是機率分布和統計法則的天才；

假如生存的環境鼓勵演繹推理，我們八成會像《星艦迷航記》裡的大副史巴克一樣，善於用思考推導出結論。但是，大部分人這兩項能力都弱到不行。我們生存的世界講求行動的邏輯，因此考量行動的思維，才是身爲人類的核心價值。在下一章中，我們會詳細說明何謂行動的邏輯，以及這跟別種邏輯有何差異。

第三章

我們思考的方式

史蒂芬養了一條狗，名叫凱西。凱西和她的主人有不少相似之處，其中之一就是對吃的熱愛。每當到了晚餐時間，史蒂芬和凱西都會餓得發慌。凱西的解決辦法就是在晚餐時分跑到自己的盤子旁邊站好。這招還滿管用的，畢竟每晚食物都會在那裡出現，只要有人注意到她，她就能飽餐一頓。可是問題在於，若沒人看到她站在盤子旁邊，她就只能痴痴守候，直到有人想起還沒餵她，才吃得到晚餐。

凱西的主人則聰明一點。他不會在食物出現的地方枯等，而是直接前往食物的源頭。當他發覺晚餐時間到了，就會在老婆身邊晃來晃去，因爲家中是她負責煮晚餐，最後在不勝其擾之下，她就會開始準備晚餐。無論廚房有沒有人，這項辦法都會奏效，只要老婆有空就沒問題。當然，這項辦法並非萬無一失。假如老婆剛好不在家，或依賴的行爲惹得她不爽，就只能另想法子。

狗兒凱西的腦袋中，進食和餐盤位置有著牢固的連結，因此主導了她的行爲。但是，凱西的主人則做了更複雜的事：找到備妥食物的對象（老婆），策略就是鎖定對方。他的狗兒鎖定了結果（裝食物的餐盤），因此有時就得餓肚子。看因不看果的策略十分有效，可以解決不少問題。假如你飽受病症所苦，最好要根除病灶（治本）而非病徵（治標）。假如你不希望整個群體挨餓，就不能光是給人魚吃、還要教人使用釣竿，才能更加發揮你的影響力。

也許我們對凱西太嚴厲了。歷史上，心理學數十年來都追隨著俄國生理學家巴夫洛夫（Ivan Pavlov），他在十九世紀末進行了著名的制約實驗，後世解讀爲動物能習得非特定刺激物之間的關連，譬如鈴聲與食物。巴夫洛夫發現，狗在吃進食物前，就會分泌唾液（跟人一樣）。因此，他就藉由測量狗的唾腺分泌（就是狗的口水多寡），觀察牠們是否有期待食物的反應。實驗時，他固定在按鈴後餵狗，後來發現狗只要聽到鈴聲就會流口水，就算沒食物也一樣。於是，巴夫洛夫宣稱，這些狗已能連結鈴聲和食物，因此聽到鈴聲會引發類似看到食物的反應。鈴聲的用意是提供非特定刺激——只要狗能察覺得到，任何刺激都可以。食物就不太算非特定刺激了。巴夫洛夫之所以選擇食物，是因爲這是狗想要的東西。但他認爲在狗的記憶中，食物跟鈴聲原本沒有關連，兩者之間是非特定的連結。當時科學界也都相信他的主張，他也因此在一九〇四年獲得諾貝爾獎。巴夫洛夫的聯結理論便成爲二十世紀前半葉，心理學中行爲學派的理論基礎。

一九五〇年代，心理學家約翰·賈西亞（John Garcia）開始質疑這項主張，認爲非特定聯結無法學習。在賈西亞的一項研究中，給予老鼠不同組合的外在刺激：一組先用噪音伴隨閃光照射老鼠，隨即施予電擊；另一組則是給老鼠喝有甜味的水，再讓牠們感到肚子痛（水中加了某種化合物）。老鼠很快就學會把噪音閃光與電擊聯結，也把喝甜水和肚子痛聯結，可是就無法學會其他聯結，像噪音閃光與肚子痛的組合，或甜水和電擊的組合。

引發閃光和引發電擊的機制屬於同一類別；同樣地，喝加料水（甚至甜水）確實可能會引起肚子痛。這些組合在因果上都有道理，但交換組合後則說不通，很難想像甜水可能導致電擊，或閃光可能引發肚子痛。實驗中，那些老鼠只能學習符合因果的聯結，無法學習非特定的聯結。賈西亞的研究顯示，老鼠容易學會具因果意義的事物，而非任意兩者的關係。可見連老鼠都能進行簡單的因果推理，找出引起不適的可能原因。

假如老鼠懂得思考因果關係，不會只依賴簡單的聯結，想必狗也是一樣。巴夫洛夫的聯結理論無法套用於非特定刺激，只能建立在某種因果律的聯結上。因此，我們必須表示歉意，先前小看凱西的認知能力。現在，我們非常佩服狗與其思考能力，更加敬佩人類對因果關係的認知。

人類的因果思維

人類是世上最懂得因果推理的大師。我們可以預見火柴磨擦粗糙表面會燃燒、下雨天出門不帶傘會淋溼、在生性敏感的同事面前說錯話會惹毛對方，凡此種種都需要因果思維。在每個情況中，我們會想像周遭環境處於某個狀態，而某種機制的運作改變了原本的狀態。上述第一個情況中，我們腦海會浮現一根火柴和粗糙表面，接著想像兩者磨擦的過程，我們對此過程足夠熟悉，知道此舉會引發火花，進而讓火柴內的可燃物質著火；在第二個情況中，我們會想像自己乾爽地待在室內、外頭正下著雨，然後會想像大雨落在身上的樣子，我們對此也很熟悉，曉得衣服和頭髮會吸附雨滴，其他雨滴則會落在皮膚上，最後就會全身溼答答。運用自己對因果關係的認識——即理解不同機制的運作方式——來進行預測，似乎是再簡單不過的事，但前提是要熟悉許多日常現象，像是火柴磨擦粗糙表面、全身被雨淋溼、用厚毯子裹住冷得發抖的身體、對小孩大吼、按下電器的開關、丟球打破窗戶、澆花、踩汽車油門等，簡直不勝枚舉。我們所熟知的因果機制實在太多了。

而且還不只熟悉，我們也懂背後的原理。我們知道火柴或磨擦表面若溼掉、火柴畫得太大力或太小力，都無法產生火花；我們知道若穿戴好雨具，或若外頭僅下著毛毛細雨、雨滴一碰到皮膚便蒸發，我們就不會淋成落湯雞。我們對於熟悉的每個現象，都有足夠的理解，才知道怎樣必定會出現預期的結果（小孩被吼之後大哭，一定是察覺吼的情緒是憤怒而非玩笑），以及怎樣絕對不會有任何效果（若你遠到小孩聽不到吼叫，當然就不會哭了）。

另外，有些推理則會難倒大部分的人，譬如很難推論8743的立方根、說明量子力學、預測下回到內華達州賭城雷諾贏錢的機率，甚至很難確定雷諾位於洛杉磯的東方還是西方（不妨查查，答案可能在你意料之外）。我們並非事事精通，但確實擅長思考周遭環境的運作，堪稱具備因果思維的天才。巧合的是，老鼠也是如此。身為長年演化存活於世的動物，還有比這更有用的能力嗎？

在第二章中，我們知道思考的目的是考量當下情況，採取最有效的行動。這需要懂得辨別不同情境的共同潛在特質。人類跟其他生物最大的區別，就是能找到那些深層又普遍的特質。無論是判斷某人是否有腦震盪、是否患有傳染病，或是否該替車子輪胎打氣，都得仰賴人類的優異天賦指出關鍵的徵兆。

我們目前討論的所有例子，其實都頗為簡單。我們並未宣稱，人類善於預測戰爭的結果、某機構醫療方案的成效，或能解釋馬桶的運作方式。我們的因果推理能力也許優於其他類型的推理能力，但說明深度的假象顯示，個人能力所及依然處處受限。

所謂因果推理，就是我們試圖運用自身對因果律的認識，理解周遭事物的改變。因果推理有助我們思考不同機制如何控制因果，藉此猜測事物未來的走向。下文的例子可證明我們是自然而然地進行因果思考。想想以下的問題：

有人聽到一名政治說客對某位參議員說：「只要支持我提的法案，你就不必花一年募款囉。」接下來幾個月，參議院針對該法案展開攻防戰，那位參議員始終大力支持。你覺得他那年後來花多少時間募款？

這個問題不難回答：那位參議員八成不必四處募款，只要在家喝著高級威士忌、抽著雪茄就好，費用全由說客埋單。這個問題之所以簡單，是因為人類懂得自動推論。對於沒聽說或沒直接看到的事物，我們都會自己進行推論。上述說客的例子就是簡單的邏輯規則，名叫「肯定前項」（modus ponens），公式如下：

若A則B。
A發生了，所以有B。

誰反駁得了這個公式呢？若A必然包含B，你有了A就同時有B，聽起來好像同樣的話說兩遍，其實結果不盡然如此。也許那位參議員雖然表態支持法案，卻拒絕了說客的政治獻金，或說客只是開個空頭支票，結果就可能失去效用。「肯定前項」這類邏輯公式理論上很自然，但只要我們賦予了實質內涵，就可能變得沒那麼自然，因爲會納入因果考量。

許多邏輯公式看起來就不自然，有些不合邏輯的論點卻看似合理。以下舉個例子：

若我穿藍色內褲，就必定會穿綠色襪子。

我今天穿了綠色襪子。

所以，我穿的是藍色內褲。

這是合理的推論嗎？多數人認爲如此，但從最基本的邏輯原則（稱作命題邏輯）來看，答案卻是否定的。這是一種叫作「肯定後項」的邏輯謬誤。

再來看另一條論述，不只攸關事實，還攸關因果：

若我跌進水溝，就需要洗澡。

我洗了澡。

所以，我之前跌進水溝了。

這次，多數人都不會上當。雖然我洗了澡，不但代表我真的跌進水溝，可能是基於其他理由而洗澡。在這種情況中，第一個句子屬於因果關係：跌進水溝是洗澡的原因。我們進行因果思考時，往往更會去考量所有因素，據此做出正確的推論。這就需要強韌的心智能力才辦得到。我們必須了解，跌入水溝可能是洗澡的原因，而不是倒果為因；我們也要考慮到，洗澡說不定有其他原因。我們必須評估種種原因的可能性，再從這些見解推敲出問題的答案。我們在幾秒中就能完成這整個過程，說是因果推理高手也當之無愧。

人類的邏輯思維與電腦並不相同。我們隨時隨地都在推論，但推論不是基於教科書上的形式邏輯，而是基於因果邏輯。

正如同人類思考時並非單純找事物的關連（巴夫洛夫的誤解），推理時也不仰賴邏輯演繹，而是注重因果分析，先判斷世界運作的方式，再導出自己的推論。我們思考著不同起因如何帶來各種結果、哪些事物會阻礙結果出現，以及哪些因素必須到位，最後才能產生影響。我們不是以命題邏輯思考，即分辨敘述真偽的邏輯，而是以因果邏輯思考，即因果律的邏輯，涵蓋事件如何導向結果的知識。

因果推理能力讓我們能解決眞實世界的問題。造橋跨越河川或峽谷，就是因果思考的結果。橋樑設計師必須思考負重機制，如何承載許多車輛和卡車，才能蓋一座結構安全的橋；在車輛裝上輪子、讓車輛能靠滾輪移動，則需要另一種因果推理機制。眞正建造橋樑或輪子前，先必須具備想像的能力。人類也因此能開疆闢土、躲避天敵，並在演化過程中成功爭得稀少的資源。

我們對遙遠未來的想像能力，也屬於一種因果推理，這項能力牽涉了思考長期影響世界的機制，而這類長期計畫正是我們不斷學習的動力。學習的過程中，我們培養出不同的技能，其價值可能多年後才會顯現。獨木舟的工藝需要多年才能習得，但若使用獨木舟的部落不懂該工藝未來的價值，在於當代獨木舟工匠退休後，部落還能維繫捕魚和泛舟的傳統，就沒人會願意投注時間學習。唯有懂得放眼未來，思考社會變遷背後的因果機制（譬如死亡），花時間學習實用技能或藝術才具意義。

我們的因果分析能力，除了反映於具體事物和社會變遷，也能處理抽象的內心問題。假設你的另一半不想理你，你面臨了一項有待解決的問題，需要動用因果思考來找出問題，並且想辦法加以處理。

想要找出問題，你得推論人的反應與情緒。爲何別人會對你產生負面反應？你是否汙辱了對方？是否讓對方想起某些過去的不良行為？是否踩到對方的道德底線？正如同具體事物一樣，這也需要精細的因果分析，需要理解人類思維與動機，以及兩者如何促成行動。想要找出惹毛別人的原因，你必須稍微了解對方的信念。舉例來說，他對你的過去認識有多少？又重視哪些道德價值？你也必須認識對方的喜惡。哪些話題是他的地雷？對你不理不睬的目的為何？換句話說，你的任務是挑出行為背後的意圖，以及對方希望達成的結果。無論身處任何社交場合，我們都會進行這類因果分析，也正是多數人極為擅長的能力。

設法解決問題也需要因果推理能力：採取不同行動會哪些結果？假如你努力安撫對方，他的心情也許會好一些，但此舉也可能被解讀成做賊心虛，因而讓他處於優勢地位。假如你主動找人吵架，可能不至於處於劣勢，但搞不好關係因此破裂，或冷戰好一陣子。有時，預估自身行為對別人的影響並不容易，但我們時時刻刻都在預測，而且往往都能成功。只要禮貌地提出要求，別人通常會欣然接受；而平時講個笑話，別人多半會客氣地擠個笑容（根據兩位作者的經驗）。我們很擅長因果推理，不僅限於具體事物，對人類行為也是如此。

正向推理與反向推理

因果推理是人類認知的基礎，也是腦袋的主要工作。但不是所有的因果推理都同樣容易。推理可分爲正向與反向。正向推理是思考起因如何導向結果。我們用正向推理來預測未來，即今日的事件如何引發明日的事件；我們也用它來釐清事物的原理，像是按哪些鈕才能設定新時鐘的鬧鈴功能。前文所提的「肯定前項」邏輯公式，就是正向推理的例子，要你從參議員採取的行爲中，推論出他是否要花時間募款。

反向推理則是從結果回推到起因。醫師用反向推理診斷病症的原因，技師用反向推理判斷車子哪裡故障。反向推理通常牽涉說明某現象爲何會發生。對一般人而言，正向推理比反向推理來得簡單。舉例來說，醫師可以輕易預測消化性潰瘍患者會出現胃痛，卻很難斷定胃痛的人有消化性潰瘍。反向推理也比正向推理耗費時間。從結果反向推回原因固然很難，但這也是人類獨特之處，其他生物是否有相同的能力或興趣來釐清事物的源頭，目前還不得而知。

我們在正向推理時，通常會在內心稍微模擬一下。若要估計煎蛋捲會花多少時間，你得想像煎蛋捲需要的所有步驟、推測每個步驟的時間，再全部加起來。若要預測向俄羅斯宣戰的後果，你得想像洲際飛彈越過高空、經由雷達捕捉，導致其他洲際飛彈相應發射。從結果倒推至原因就不太容易了。假使美俄發生戰爭，我們若想了解起因，就需要其他方法來篩選可能原因，並評估每項原因導致事件的機率。

諷刺的是，我們較善於正向推測結果、不太會反向診斷原因，反倒容易產生正向推理專有的盲點。假設你是心理衛生人員，遇到了下面這個病例：

Y小姐今年三十二歲，罹患憂鬱症，試說明她嗜睡的機率為何？

換句話說，若你只知道該女子是三十二歲的憂鬱症患者，缺乏其他資訊，她嗜睡的機率爲何？假使你手邊缺乏相關統計數字（知道的人並不多），這個問題就很難回答。但有幾件事你絕對知道，像是若缺乏其他嗜睡的成因，她會嗜睡的機率理應偏低。因此，若我們問你：

Y小姐今年三十二歲，罹患憂鬱症。**完整診斷後發現，她未患有其他會引發嗜睡的身心疾患。試說明她嗜睡的機率為何？**

照理說你會給個偏低的機率，也許低不了多少，但至少患者會嗜睡的理由並不充足。

一般人卻不是如此，而是會忽略第二題中的粗體字。在哈佛大學主辦的某場工作坊中，我們請不同的心理衛生專業人員回答上述兩題，結果兩題都得到相同的答案。他們之所以忽略那句粗體字，是因為從既有病因去推論結果時，就不會考慮其他可能的病因。他們想像著飽受憂鬱所苦的年輕女子，單憑內心的情境判斷她是否嗜睡，但這個情境卻無法指出，她有無可能基於其他原因出現脫水、疲勞、嗜睡等症狀。

出乎意料的是，診斷式的反向推理沒有這項盲點。我們在同一場工作坊中，針對其他出席人員提出下列問題：

Y小姐今年三十二歲，有嗜睡症狀。試說明她確診憂鬱症的機率為何？

我們把問題倒了過來，不問特定病因導致某病症的機率，而是特定病症回推某病因的機率。這回我們把上述問題所獲的答案，跟下面問題所獲的答案兩相比較：

Y小姐今年三十二歲，有嗜睡症狀。**完整診斷後發現，她並未患有其他會引發嗜睡的身心疾患，試說明她確診憂鬱症的機率為何？**

上面粗體字同樣指出，Y小姐沒有其他會引發嗜睡的病因。在這個情況中，由於缺乏其他病因，一般人應該會對自身判斷更有信心。若我問你A造成B的機率爲何，只要你知道B確實發生，又知道B無其他起因，那就極有可能是A。實際上，只要你相信萬物皆有因（多數人都這麼認爲），那A就絕對是原因，畢竟也沒其他可能了。

那些心理衛生專業人員就給了這個答案。基於缺乏其他原因，他們判斷Y小姐患有憂鬱症的可能性，高於完全不提其他原因的情況。設法從結果回推病因時，這些受試者並未忽略其他可能病因。

一般人採取正向推理時，之所以常忽略其他起因，是因爲內心的模擬情境容不下別的可能，但採取反向推理時，我們的腦袋反而無法進行類似的模擬。

雖然人類不善於診斷式推理，但這項能力說不定正是人類的獨特之處。目前幾無證據可指出，其他動物具備相同能力。動物也許會爲了適應環境，出現極其複雜的行爲，先前也提到老鼠對因果關係十分敏銳，但卻沒動物懂得去分析結果，再倒推回原因。

不過，已有強而有力的證據能推翻我們的看法，顯示動物也可以反向推理，只不過研究的對象不是你想的黑猩猩、巴諾布猿（基因上比黑猩猩更近似人類）或海豚（眾所皆知遠比人類聰明，八成在伺機佔領地球），其實推理能力讓科學家大感驚豔的動物是烏鴉。

在一項研究中，六隻新喀里多尼亞烏鴉面前擺了條透明的管子，裡面有個美味的肉塊。實驗人員很賊，故意在管子上開了個洞，所以吃到肉塊的唯一方法就是用工具推出或拉出，同時還要避開洞口。其中三隻烏鴉不但成功將食物從管中取出，似乎還判斷出問題的起因。不只如此，他們還能從其他在不同位置都開洞的管子中取出食物。這項能力相當了不起，畢竟動物在實驗室中能力常有侷限，就連黑猩猩都辦不到。只是，這仍遠遠遜色於人類精密又抽象的推理能力。烏鴉無法診斷出病童（或病鴉）的染色體異常。因此，唯有人類眞正能反向推理的假設仍可成立，但烏鴉依然是令人佩服的動物。

說故事

因果分析有很多形式。想搞懂如何操作新買的咖啡機、縫補破洞的毛衣、照顧患有關節炎的膝蓋，都需要因果分析。社會上每個人都用各種方式交換著因果分析的資訊：我們販售需組裝的新家電會附上組裝說明、在 YouTube 上分享修理洗碗機的影片、閱讀專業人士寫的不同書籍，包括如何治病、如何令人刮目相看、如何做生意等。

分享這類資訊最普遍的方式，應該非說故事莫屬了。就以一則古老的猶太故事為例：有位商店老闆某天來到店裡，卻發現窗戶噴滿了辱罵字眼的塗鴉，好不容易擦乾淨後，隔天卻又發生同樣的事。於是，他想出了一項計畫。第三天他躲在店裡，等到當地混混出現並塗完鴉後，他才出來付他們十塊錢，感謝他們的辛勞。隔天，他再度表示感謝，但只付了五塊錢。接下來，他繼續付錢讓他們隨意塗鴉，但金額愈來愈少，最後只剩一塊錢。他們從此不再來了，畢竟辛苦塗鴉只換到這點工錢，何必呢？

這個眞假難辨的小故事隱藏著因果的寓意，觸及了他人行動的誘因，以及改變動機的方法，好讓他們忘記當初行動的理由。

關於人類動機的故事並不稀奇，不過故事常帶有其他寓意，提及世界運行之道與處世哲學。有則聖經故事便探討了萬物的源頭，即造物主如何創造世界。許多聖經故事也告誡我們言行的後果，以及特定行為的是非對錯。亞當和夏娃的故事就教導我們，應該要遵從上帝的旨意；該隱與亞伯的故事則告訴我們，應該要友愛自己的兄弟。童話故事和都市傳說常教導我們應該避免何事、周遭有哪些危險、如何決定信任誰。英雄故事則告訴我們自己也許潛力驚人。

說故事是人類釐清事件先後順序的自然方式，所以故事才會俯拾皆是。一九四〇年代，社會心理學界有項經典的研究：佛里茨．海德（Fritz Heider）和瑪莉安．西梅爾（Marianne Simmel）給受試者看一部簡單的動畫片，內容是一個圓圈和兩個三角形繞著螢幕移動，既沒有聲音，也沒有字幕。這些幾何圖形時而靠近，時而看似在追逐，時而看似在打鬥。不約而同的是，受試者不單單看到圓圈和三角形，更覺得眼前正上演一齣浪漫戲碼。對一般人來說，無處不是故事。

好故事不只描述發生的事，還會以更宏觀角度，傳達世界運作的方式，訴說那些並未或尚未發生的事物。莎士比亞筆下的馬克白夫人在殺了鄧肯國王後，就像著魔似地不停洗手，同時大喊著：「消失！該死的血漬！給我消失！一、二，該行動了。地獄可是很陰森的！」我們不只看出單一虛構角色的懊悔，也可以了解預謀殺人後的情緒負擔。我們從中學到一項因果報應——殺人會導致揮之不去的愧疚感。

好故事通常寓意深長，不只適用於現實的世界，也適用於想像的世界。我們之所以傳頌亞伯拉罕在摩利亞山上獻祭兒子以撒的故事，不只是憑添我們對亞伯拉罕和其家人的認識，更可以從中懂得一項道理：不管處境爲何，都要忠於上帝。

由此可見，說故事需要的技巧遠遠超出其他動物的能耐，我們得運用自身對現實世界中因果機制的理解，構思出其他完整的平行世界。說故事有助我們想像，特定因素的差異會對世界造成的影響。科幻小說中的情節尤其如此：作者幫助讀者想像不同的平行世界，可能是其他星球的生命、吃了保證快樂的藥丸或被機器人統治的世界。但是，許多非科幻類的故事同樣涉及了平行世界，特別是我們對自己說的故事。舉例來說，你也許會想像自己成爲搖滾巨星，這個身分會導致哪些結果呢？想要回答這個問題，你可以搜尋腦中因果關係的資料庫，推論當上搖滾巨星的好處，像是出入高級飯店、乘坐長型禮車、花上大把時間幫影迷簽名照片。你也可以幻想自己是其他人。思考不同的平行世界是人類很重要的一項能力，這就叫作「反事實思維」，不難理解這取決於我們因果推理的能力。

爲何我們具備此種思維呢？爲何我們可以虛構出平行世界，自然而然地說故事呢？也許主要的動機在於，這樣就可以考量到替代方案。無論是換髮型、買鋤草機、賣房子和買小艇等，我們都能毫不費力地想像這些行爲的結果。正因爲能進行假設性的思考，才會在需要時眞正採取行動。想像不出新髮型的人，不大可能出去剪頭髮（至少不會刻意爲之）；想像不出人權法案或吸塵器的人，就不會眞的去爭取法案或購買新吸塵器（至少不會刻意爲之）。非凡的作爲也好、日常的行動也罷，都需要反事實的思考能力。

人類史上許多偉大的發現，都得歸因於反事實思維的實驗。衆所皆知，伽俐略從比薩斜塔上丟下兩個鐵球，證明不同質量的物體落下的速度相同。對於是否眞有此一落體實驗，歷史學家莫衷一是，但可以肯定的是，若眞有這項實驗，伽俐略想必早在進行實驗前，就已在腦中想過一遍，因此事先知道結果爲何。正如同他在十六世紀出版的《論運動》（*On Motion*）一書所說，他曾想像兩個不同重量、由細繩相連的物體同時落下。而根據他對物理定律的理解，他能正確推論出不管重量爲何，物體落下的速度都會一樣。

我們腦中的白日夢通常不像伽俐略那麼有深度，但每人三不五時都會有類似的版本。我們在做出許多決定之前，都會先在心裡稍微模擬一下，根據我們對該情境因果關係的理解，評估不同行動的可能結果。塞車時，我們會設法找尋替代路線，不需花太多時間就挑出車流量最少的那條路。思考午餐吃什麼時，我們會想像每樣餐點的味道，想想當下對哪樣餐點嘴饞。這些內心的情境模擬，是我們告訴自己和他人的迷你故事，目的是藉由因果律找到替代方案。

心理學家主張，故事形塑我們的身分，包括個人的身分與群體的身分。我們訴說過去的故事，藉此緬懷與美化；我們訴說未來的故事，藉此預測與幻想；我們訴說現在的故事，建構自我、做白日夢。這些都關乎著認清原因、預見結果。我們怎麼成爲現在的樣子？我們要去哪裡？現在應該採取什麼行動？

故事是人類用來傳遞因果資訊與教訓的方式，同時也可以分享經驗、建構社群共同的記憶、展現特定態度。當一個社群願意相信特定的故事，就等於接受了故事所反映的態度。美國人訴說著一七七三年，反抗英國統治的地下組織「自由之子」把一箱箱英國茶葉倒入波士頓灣，是呈現自己光榮抵抗英國政府對殖民地的壓迫。若換成當時英國的茶葉商來說這段故事，就會把對方說成是一群欠教訓的卑劣流氓。因此，故事通常是社群的故事、而非個人的故事，也跟社群的信仰體系密不可分。

儘管故事是社群所共有，但說故事的個人得擁有相對應的認知體系。我們已了解自己的認知能力有限，難以充分呈現、推論各種因果體系，個人也難以處理真實世界複雜的樣貌。因此，故事往往會簡化、甚至過度簡化事件。提到亨利八世，許多人只曉得他的胃口很大、前後娶了六個老婆，但老婆多半不長命。假如故事的複雜度趨近真實生活，我們便不可能記得，更甭提流傳下去了。

不過，我們再怎麼簡化故事，故事都不脫因果關係。因此個人就需要一套認知系統，用來了解所說故事背後的因果，了解正反派各自的目標、達成目標前的難關，以及這些難關最後如何克服（也可能無法克服）。這些對於因果的看法，都涉及不同角色努力發揮影響力，實踐理想中世界的樣貌。無怪乎，說故事這個人類最自然的交流模式，仰賴著一模一樣的資源——因果知識讓思考帶來更有效的行動。

第四章
思考假象的成因

二〇〇八年，安潔莉娜．裘莉主演的電影《刺客聯盟》美國票房進帳一億三千五百萬美元。電影中，頂尖刺客接受訓練後，只要在扣下板機前正確旋轉手臂，就能讓發射出去的子彈繞過障礙物。也許這些場景對大部分觀眾而言頗為合理，但物理學家可是看得坐立難安。

問題在於，我們對物理的天眞見解，並不等於眞正的物理知識。一般人以爲的物理原則，很可能不符合牛頓運動定律，偏偏牛頓定律能精確預估大多數情境中物體的運動方向。要了解子彈轉彎是多離譜的想法，想像你正甩著一顆由細繩綁在頭上的石頭，然後壞心的哥哥過來把繩子剪斷，可參考左頁的示意圖：

石頭會朝哪個方向飛走呢？大部分的人都以爲石頭會轉彎（圖二）。實際上，根據牛頓運動定律，石頭會筆直向前飛去（運氣好的話就會打中哥哥）。我們有時會忘記物體運動會遵守牛頓定律，是因爲生活經驗往往無法驗證這點（這也說明了牛頓當初眞是觀察敏銳，才有辦法發現這套定律）。舉例來說，牛頓第一運動定律指出，運動中的物體會保持等速直線運動，但一般來說，我們卻觀察不到這個現象。若你把地板上一塊磚頭向前推，它很快就會停下來。物理學家把這點歸因於摩擦力，但其他人容易用「非牛頓的思維」理解，可能認爲推磚頭時賦予了某種「動能」，這股能量會隨著時間流失。一旦動能完全耗盡，磚頭就停了下來。

同樣地，根據牛頓第一定律，細繩一被切斷，讓石頭轉圈的外力隨之消失，因此會直線前進。但一般人卻以爲，旋轉本身賦予了石頭轉圈的動能，過一段時間才會消散，因此料想石頭仍會轉彎。《刺客聯盟》的製作人在設定子彈轉彎的情節時，就是犯了相同的錯誤，不然就是假定觀衆會產生這種錯覺，畢竟在好萊塢想要賺大錢，不能凡事講求精確，而是要順著觀衆的直覺。

因果推理也許是思想的基礎，但這不代表人類就能發揮這項能力。我們先前已見識到了，在說明事物運作的原理時，一般人比自己想得還要無知。即使天生具備因果推理的能力，個人能做到的事依然有限。

你是否曾想辦法調整腳踏車的煞車呢？這件事可以做得到，但對許多人來說似乎是需要多年訓練

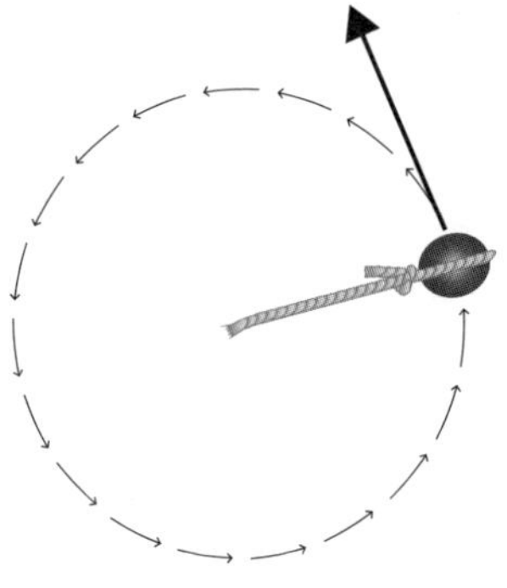

圖一

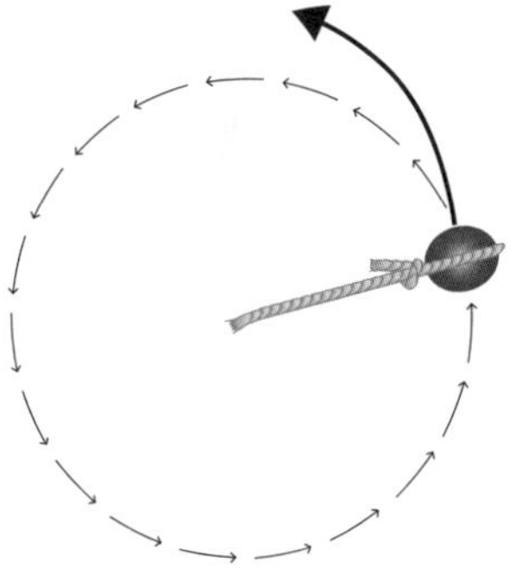

圖二

和經驗。光是思考整個過程、挑選適當的調整方法、每個煞車器的調整幅度，就足以讓原本理性的人懷疑自己腦袋是否有問題。同樣地，假如你從來沒搞清楚如何設定自家爐子上的時間，任憑它閃爍著預設的十二點整，別擔心，多的是跟你一樣的人，因爲正常的人類思維本來就不是用來釐清某些事物。

這也可以說明，爲何我們對於什麼才是最佳飲食、如何拼經濟、政府是否該涉入（又該如何涉入）中東事務的意見分歧。生活與社會制度龐雜，缺乏單一標準答案供我們理解。我們的思維多半得仰賴猜測和推估。

另一個引人關注的例子，來自加州大學柏克萊分校教育學家安卓亞．狄瑟莎（Andrea Disessa）所作的研究，可用來說明推論物體特性的困難。下圖垂直並列著兩枚硬幣，若上頭的硬幣沿著下頭的硬幣邊緣滾動，直到剛好在它的正下方停止，箭頭會指哪個方向呢？

多數人都覺得箭頭會往下指，但其實箭頭會往上指。不妨自己拿兩枚硬幣試試。日常生

活中，我們時常都會見到滾動的物體，但它們鮮少沿著曲面滾動，因此我們的直覺會很不準確。一般來說，物體在平面上滾動時，滾動與移動的距離成正比。一枚硬幣滾動的距離若爲其圓周的一半，就會轉半圈；換句話說，若該硬幣沿著平面滾動了半個圓周，箭頭就會往下指。不過，當沿著曲面滾動時，這項規則就不適用了。一般人卻容易用相同的因果模式來判斷，這就是直覺缺陷的來源。

因果模型不限於理解物體運動方式，譬如一般人設法了解電流時，也會將其類比成觀察過的事物，像是淙淙的水流或川流不息的人潮。因果模型也決定了我們如何處理日常生活各面向。舉例來說，許多人在室內覺得冷時，都會把調溫器的顯示溫度調得很高，以爲此舉可快速升到心目中的溫度，孰不知是白費工夫。這是因爲他們所依賴的暖氣系統因果模型，升溫的速度取決於目標溫度，似乎誤以爲設定愈高的目標，調溫器就會更加強力運轉。以下是某受試者對於自身理解瑕疵的說明：

> 我覺得其實很簡單啊。呃，我覺得啦，呃，槓桿的位置和暖氣系統運作之間，存在某種線性關係。呃，這就好像踩油門那樣。我大概懂一點液壓的原理，就是你踩得愈大力，就有愈多汽油跑到引擎、愈有爆發力，車子也就跑得愈快。所以呢，你愈大力旋轉槓桿⋯⋯就有愈

多電力來增加熱能。

接著，他還提到不少其他以同樣原則運作的物體：

我突然想到電動攪拌機。你轉得愈高速，就攪拌得愈快……越使勁催油門，車子就跑得愈快……轉開水龍頭也是，當槓桿壓力增加，就會看到大量的水噴出。

顯然，這個因果模型符合直覺，因爲我們生活中經常遇到，卻鮮少會直接察覺到結果背後的機制。我們感受得到自己的行爲和行爲導致的結果，但是唯有窺探機器內部的結構，我們才看得到讓它運作的機制。若是看得到的具體物件，我們當然可以一探究竟。舉例來說，我們可以觀察鏡面機械鐘的運作，或觀察落葉如何被耙成一堆。但是，大多數的機制都太過細微（如讓水煮沸的分子變化）或太過抽象（如導致貧窮的經濟因素），因此我們無法觀察疫苗的作用或食物的基改過程，因此才用個人經驗加以塡補，這就會造成錯誤的認知。

不必追求完美

我們並非因果推論的理想人選，其實也不必自責。想想看，若要針對每個情況做出正確的因果推論，會需要什麼樣的條件？你得對宇宙萬物的樣貌與變遷有通盤了解。由於世界太過複雜、事物變化萬千，這兩項知識勢必離完美遠得很，而是處處缺陷、模糊不清又無法精確。在現實世界中，你的知識必定多半取決於自己的人生經驗，深入了解自己在乎的事物、略過自己不關心的事物。假使你的生涯目標不是要進入國家冰上曲棍球聯盟，在意的事就不是如何成為職業冰球選手，而會是如何在其他領域發光發熱。

你也不太可能熟悉分子的位置、方向和運動，畢竟我們的生活並沒如此微觀。我們的感知與運動系統，原本就是從較宏觀的層級運作，才能跟物質世界、植物、動物（尤其是其他人）互動。因此，我們的知識專門用來處理這層級的事物，也許還能略為提升至整個社群和其他組織——這就是知識彙整的層級。

因此，一般人不可能是萬事通（這沒什麼好訝異吧），而且離萬事通還差得遠了。我們所具備的知識僅僅夠自己生活而已。由於我們的知識有限，因此對事物變化的理解同樣有限。多數人不是化學家或物理學家，不必擔心分子和原子遵循的因果法則。因此，牛頓的物理定律就足以描述人類的日常經驗，只是到了真正微觀（原子粒子的運作原理）與宏觀（整個宇宙的運作原理）的層級，這些定律就有欠準確。物理學家煩惱的量子效應，完全描述著另一層級的世界，超越了我們日常生活的體驗。大部分的人——就算是化學家和物理學家脫下實驗室白袍後也是普通人——只要考慮雙眼所見東西的運動定律、冬夏之間溫度的微幅變化、人際互動等，更籠統地說，就是那些主導著生活點滴的機制。我們日常遇到的情況並不多，光是基礎的因果推論就足以應付了。這確實值得慶幸，否則如果什麼都得要知道，我們的腦袋很快就會塞爆了。

我們對於社交場合的推論，跟對於物體的推論差不多：兩者都一樣膚淺。生活中凡是遇到要推論因果的場合，都需要我們先理解他人的意圖，但這些意圖都容易流於表面。迎面而來的路人，究竟只是擦身而過、還是想問問題，或是要當街行搶？我們無時無刻不進行著這些簡單又直接的推論。在這種情況下，推論的深淺不是重點，而是人類的推論能力本身就不可思議。

不過，有些情況的確需要比較深層的推論。假使詐騙人士存心要引你上當，暗中施展偷天換日的伎倆，釐清對方的意圖可就不太容易了；假使親人心情鬱悶，或行爲舉止反常，無論是尋找原因、想出辦法，更需要極其敏銳的觀察力與同理心。詐騙集團之所以存在就是因爲嘗過甜頭，而且到處都有人上當；而令人難過的是，眞正能發揮同理心、帶人走出傷痛之人，實在少之又少。多數人起先想伸出援手，到頭來仍得尋求他人協助，可能是聯絡親朋好友釐清現況，或請教專家介入處理。這再度凸顯了一般人固然善於因果推理，但超出自身專業領域時，推理往往流於表面。

兩種因果推理

我們隨時都在進行因果推理，但過程並非完全一樣。有些因果推理能瞬間完成。老鼠把反胃歸因於食物而非閃光時，這個過程勢必沒有經過太多思考，就好比大力捶牆後手會劇痛，或數學考了滿分會開心一樣，都可以自動得到結論，說是「推理」都有些勉強，其中因果太過明顯，不用思考就能得到結果。

其他種類的因果推理，則需要耗費大量心力和分析。第一次世界大戰的起因有哪些？為何車子無法發動？你在職場上努力了這麼久，爲何老闆仍舊沒有肯定你的貢獻？想找出這些問題的答案，需要投入時間和精力。我們必須慢慢抽絲剝繭、細心推敲，歸納出結論，這才是一般定義的推理。

這兩類思維的分野，也存在於古典哲學、現代哲學、心理學和認知科學之中。心理學家丹尼爾·康納曼（Daniel Kahneman）在《快思慢想》一書中，就十分肯定這項差異，不僅有數千年的歷史，在認知科學的領域還有各式各樣的名稱。舉例來說，這兩類推理體系分別稱作「聯想思考」與「規則思考」，也有人乾脆取名爲「體系一」與「體系二」。我們在本書中，則稱之爲直覺（intuition）和愼思（deliberation）的差別。

請說出開頭是字母「e」的動物。

你是不是想到「elephant（大象）」呢？幾乎每個人都會想到相同的答案。有些事物總是自然而然、毫不費力便瞬間浮上心頭，這就是直覺在發揮作用。

在直覺與愼思這兩種體系中，不妨想想自我意識所扮演的角色。我們憑直覺形成念頭時，該念頭就出現於腦海中。以下面這個重組字謎爲例，要認出正確單字並不困難：

inituitve ①

答案想必立刻浮現於腦海中，推理的過程快到讓你無法察覺，於是只意識到推理的結果。intuitive 這個字神奇地出現，你可以清楚地在內心想像到它。

不過，你在謹愼思考時，不只會察覺到結果，更會意識到過程。不妨解開下面這題更難的重組字謎：

vaeertidebli②

若你有辦法解開謎題（答案請見本章章末的註釋），你不僅留意到最終答案，還意識到解題的過程。你能觀察把字母重新組合、找出合理拼法的思考過程。同理可證，你在寫困難的數學習題時，都會注意到每個解題步驟；你跟人辯論候選人的優點時，也會意識到自己提的論點。

直覺和慎思的分野在知識史上有很崇高的地位。古希臘哲學家亞里斯多德就曾指出，藉由慎思來抗拒根深柢固的直覺與習慣，無疑是非常困難的事：

> 倘若說理本身足以讓人向善，理應贏得許多報酬，但實情就是說理無法勸人向上與向善。何者可以改變這些人呢？僅憑說理便想剔除早已融入性格的種種特質，即使並非不可能，亦是難上加難。
>
> ——摘自亞里斯多德《尼各馬科倫理學》

柏拉圖在點出直覺與欲望的連結時，則使用較多比喻：

> 我們不妨將靈魂喻爲一群飛馬與御夫的自然搭配。其中一匹飛馬愛好榮耀，口頭號令即可讓其前進；另一匹飛馬自吹自擂、放蕩成性，刺棒伺候仍紋風不動。
>
> ——摘自柏拉圖《費德羅篇》

柏拉圖以兩匹馬來比較感性和理性，兩者面對誘惑時會朝不同方向前進。柏拉圖所說的「理性」很像亞里斯多德說的「論述」，也等於認知科學家的「愼思」。我們藉由細心又有意識的思考來解決遇到的問題，避免自身的行爲遭本能欲求控制。我們內心有股微小的聲音，提醒著我們事物的輕重緩急，以及如何達成長期目標。正是這樣的思維過程，才能阻止我們貪吃第二塊巧克力蛋糕，或就算按捺不住吃了蛋糕，也會讓我們事後產生罪惡感。

但是，直覺與感性完全一樣嗎？直覺是自動浮現腦海的思緒，仰賴的是既有知識，像是我只要聽到「about」的特定發音③，就會立刻認爲「這個人是加拿大人」。這類思緒本身與欲望無關，單純認爲某某是加拿大人，不代表對方就成了欲望主體，儘管這也沒什麼。部分直覺確實會讓事物更吸引人。餐盒可能會讓人直覺想到裡頭的蛋糕，進而挑起你對糖和脂肪的渴望。反過來說，欲望也可以引發直覺反應。看到一台很棒的車款，我們會想像自己開車奔馳的畫面；參觀一間很棒的房子，我們會想像自己住在裡面的樣子；面前有塊美味的甜點，我們會想像吃進嘴巴；面前站著一個帥哥或美女，我們會……嗯，你懂就好。我們的感性與特定直覺有關，但並不是所有直覺都能觸發感性。因此，直覺與感性並不相同，但兩者密切相關，可以相互合作，也都跟愼思保持著競爭關係。

至於因果推理，我們憑直覺快速得到的結論，有時會不同於深思熟慮所下的結論。打仗時，我們的直覺反應也許是投幾枚炸彈來逼敵軍投降，但審愼思考後可能就認爲投炸彈會正中敵軍下懷，因爲此舉反而害民衆驚慌不安。當我們對事件充滿了恐懼和焦慮，再三思量有時能幫助我們冷靜下來。稍微仔細思考後，就會明白沒什麼好怕的。換句話說，有時我們憑直覺快速做出的判斷，倘若再花些時間謹愼地思考，就被後來的結論給取代了。直覺會帶來單一結論，但愼思讓我們再三猶豫。

直覺與愼思的分野，不只出現在西方思想中。根據部分印度和瑜珈傳統，人體有七個稱作「脈輪」的「呼吸中心」，分別代表一個人身心健康的不同面向，有時又稱作生命能量中心。每個脈輪都跟身體某個部位息息相關。第一脈輪爲位置最低，與能量接地有關；第二脈輪位置略低於肚臍，與性等欲念相關；第三脈輪則略高於肚臍，與火有關；第四脈輪位於胸部中央、靠近心臟，與愛有關；第五脈輪位於喉嚨，與溝通有關；第六脈輪與第七脈輪，則與認知科學家所說的思維有關。第六脈輪位於雙眉之間，又稱「眉心輪」。你可能曾在印度藝術畫作中，看到它以第三隻眼的形式出現，通常會聯想到視覺意象。我們視其爲東方世界表現「直覺」的方式，即無意識中自然產生的思緒。

第七脈輪稱作頂輪，位於頭頂，象徵著智慧和悟性，能跟更高層次的自我和其他生命產生連結。因此，第七脈輪可比喻成愼思，也就不太奇怪了。

由此可推知，直覺源於自己的內心，是個人思緒的產物。愼思則不一樣。愼思的方法之一就是跟自己對話，類似跟別人對話那樣。愼思讓你與他人產生連結。一群人無法共同憑直覺感受同一件事，但可以共同仔細討論一件事。接下來幾章的重點會放在集體思考的概念。我們會發現，人類藉由群體內的共同思考，修正了直覺因果模型的弱點和錯誤。如此一來，我們也打造出異常強大的社會頭腦。

直覺、愼思與說明深度的假象

回想一下「說明深度的假象」，即一般人自以爲對因果關係很了解，實則不然。這個假象是直覺的產物。我們常反射地思考事物原理，不費任何工夫。但當我們審慎思考自身具備的知識，就能粉碎這個假象。這有助說明爲何有人不被假象所矇蔽。耶魯大學行銷學教授夏恩．費德里克（Shane Frederick）設計了一項簡單的測驗，可以判斷一個人的思考是直覺型或謹慎型。他把測驗稱作CRT（認知反思測驗），受試者要回答三個簡單的應用題，其中一題出自某本益智書籍：

> 一支球棒和一顆棒球總共要價一．一美元，球棒比棒球貴一美元，請問棒球售價為何？

你覺得答案是十美分嗎？跟你一樣的大有人在，因爲許多人都給了相同的答案（包括常春藤名校的大部分學生）。確切來說，幾乎每個人都會先想到「十美分」。問題在於，你會直接接受直覺的反應，還是會加以驗算呢？假如你選擇驗算，就會發現棒球售價十美分的，球棒售價就會是一．一美元，總共要價一．二美元。因此，答案並不是十美分。

少部分的人確實會檢驗自己的直覺，進而發現十美分並不正確。他們多半能計算出正確答案（五美分）。費德里克說這些人具備反思能力，也就是能壓抑直覺反應，仔細思考後再回答。

上述球棒與棒球的價格問題，跟其他兩個CRT應用題有個共同的特色。以下是第二個應用題：

湖中有一片睡蓮，每天的面積增加一倍。若睡蓮覆蓋整個湖面需要四十八天，請問覆蓋半個湖面需要幾天？

你的腦海是否浮現「二十四」呢？幾乎每個人的直覺都一樣，多數人也給出這個答案，但真的這麼簡單嗎？其實，假如睡蓮面積每天增加一倍，第二十四天就覆蓋半個湖面的話，第二十五天就會覆蓋整個湖面了。但根據題目的說明，覆蓋整個湖面需要四十八天，因此答案不可能是二十四天。正確答案應該是完全覆蓋的前一天，也就是第四十七天。

以下是第三個應用題：

若五台機器花五分鐘就可製作五個產品，請問一百台機器製作一百個產品需要多少時間？（小提示：答案不是一百分鐘）

這三個CRT應用題的共通點，就是直覺都不是正確答案，若想要獲得正確答案，就得壓抑直覺反應，實際進行一些運算。許多人都懶得這麼做，不想稍加思考，只憑錯誤的直覺脫口說出答案。全美僅有不到兩成的受試者三題全對。數學家和工程師的表現比詩人和畫家好，但也沒好太多。根據費德里克的測試結果，麻省理工學院的受試學生中，大約四八％的人三題全對，普林斯頓大學全對的比例僅有二六％。

CRT測驗區分了回答前懂得反思的人與凡事仰賴直覺的人。較懂得反思的人，容易運用自身的思維和表達能力；較不會反思的人，則容易訴諸直覺行事。兩種人還有幾項差異。較懂得反思的人，遇到需要推理的問題時，通常會顯得小心謹慎、出錯機率偏低，也不容易落入陷阱中。舉例來說，他們較懂得判斷某個句子是有意寫得深奧，還是屬於詞藻的任意堆砌（譬如「隱藏的意涵改變了無與倫比的抽象美」）；他們也較願意接受風險、不容易衝動行事。整體來說，他們較會把握機會或放長線釣大魚。兩種人對事物的偏好也不同。懂得反思的人偏好黑巧克力，而非牛奶巧克力，也不太容易信仰上帝。

與本書討論相關的是，較懂得反思的人，也就是CRT得高分的人，較不容易陷入說明深度的假象。在一項研究中，我們請受試者說明自己對於各種少見消費產品的理解（像是自動植物給水器，可以連續兩週自動幫花草澆水），說明前後分別針對自己的理解加以評分。

CRT分數高的受試者沒被假象矇蔽；相較之下，CRT得到零分或只對一題的受試者，自我認知有著嚴重的假象。換句話說，懂得反思的受試者，說明前後的自評沒有變化；較不會反思的受試者，說明過後的自評顯得較無自信。

直覺帶來簡化、粗略且往往足夠的分析，卻也讓我們產生自以爲是的假象，但是當我們謹愼思考，就會正視事物本身的複雜，進而明白自身知識的淺薄。

爲何那些CRT得高分的人未展現說明深度的假象呢？我們所做的另一項研究，提供了可能的答案。我們替不同的產品寫了廣告，內容的詳細程度不一，再把廣告拿給消費者看，請他們表示自己喜歡哪些產品。較懂得反思的受試者，也就是CRT得高分的人，喜好描述詳細的產品；仰賴直覺的受試者，其實也就是大多數的人，喜好描述簡短的產品，太多細節反而讓他們興趣缺缺。跟多數人不同的是，懂得反思的人巴不得看到細節，特別喜歡交代事物的來龍去脈，因此可以想見，他們不必等人開口要求就會自顧自地解釋了起來，自然不會產生說明深度的假象。

直覺僅僅關乎個人，儲存於自己的腦袋裡；愼思則需要反思自身既有的知識，以及理解粗淺、儲存於別人腦袋裡的知識。舉例來說，若我在思考應該把票投給哪位候選人，當然可以請教自己十分尊敬的前輩。由此看來，愼思仰賴著整個知識共同體。因此，想理解何謂說明深度的假象，方法之一就是意識到自己高估了直覺。我問你馬桶的原理時，你的直覺會說：「當然沒問題，我跟馬桶很熟，每天都會用到。」但我請你具體說明原理時，你負責思考的腦袋就打結了，因爲直覺實在太過膚淺。眞正的知識其實藏在別處。本書接下來的兩章，將會告訴去哪裡挖掘這些知識。

---

① 單字intuitive的重組，意爲「直覺的」。
② 單字deliberative的重組，意爲「審議式」。
③ 加拿大人傾向將其發音爲「a-boat」。
④ 每台機器製作一個產品要五分鐘，所以正確答案是五分鐘。

第五章

藉助身體與環境來思考

認知科學研究的是人類智慧，即尋找究竟是哪些神奇因素，讓人以各種不可思議的方式感知、思考與行動。人工智慧（ＡＩ）研究的是機器的智能，即如何打造一台擁有智慧行爲的機器。這兩個領域共同成長，當代電腦也在同一時期發展，因此兩個領域的沿革會有類似的軌跡也就不奇怪了。

從一九四〇到一九八〇年代，人工智慧的早期研究對象主要是個人電腦，目標是從矽打造出像「哈兒」一樣強大的人工智慧。哈兒是亞瑟．克拉克（Arthur C. Clarke）經典科幻小說《二〇〇一：太空漫遊》的人工智慧電腦，該小說後來更改編成電影。哈兒不但西洋棋下得好，也是太空船上重要的左右手，後來卻出現類似精神崩潰的現象。ＡＩ研究人員跟書中建造哈兒的科學家一樣，設法將海量的知識與精密的推理能力，全部都灌入一台電腦中。智慧型電腦的用途是以大量記憶體，儲存各式各樣的知識，還有高速處理器運用這些知識，藉此解答任何問題（前提是不涉及人類專精的領域，像是愛或恐懼等情感）。人工智慧的專家忙著打造具備一切資源的超級機器人，除了用來克服所有難題，還可執行人類希望機器代勞的所有任務。

但是，令ＡＩ研究人員扼腕的是，超級機器人至今仍未問世。二〇〇三年，麻省理工學院人工智慧實驗室創辦人暨ＡＩ研究先驅馬文．明斯基（Marvin Minsky）在訪談中表示：

「目前沒有任何電腦具備常識，現在的電腦也許能夠幫你訂機票，卻沒辦法環顧一個房間後，告訴你這個房間長什麼樣子。」明斯基主要說的是過去研究ＡＩ的方法（一九八〇年代前唯一的研究方法）——看待人工智慧系統的態度，跟看待精密的收銀機差不多。收銀機負責接收資訊（不同按鍵代表購買物品），在你等待時進行運算（加總購買金額），顯示最後金額（你要付的錢）。這種按部就班的傳統運算方式既耗時又沒效率，電腦的任務是套用一長串簡單的運算規則，把一組符號轉換成另一組符號（好比收銀機把多項單一金額轉換成總金額）。雖然套用規則的速度很快，但老是得逐條套用才能轉換符號。即使在電腦上進行簡單的加減乘除，都需要依序執行數百甚至數千個簡單命令。

這類處理符號的ＡＩ已有小小的成果，像是能出色地下西洋棋，或給予醫師診斷上的建議，但遠遠不及早期研究人員夢想中的超級智慧運算機器。人工智慧的哲學界先驅約翰．侯茵蘭（John Haugeland）輕蔑地把這類計畫稱作「出色的老派人工智慧」（ＧＯＦＡＩ），也代表當初的夢想開始一步步走向幻滅。

ＧＯＦＡＩ的假設是，軟體與硬體這兩個領域截然不同。演算法（運算的規則）屬於軟體，其設計可以自外於執行演算法的硬體。理論上，只要電腦本身夠強大，就可以跑得動演算法。由此看來，硬體（電體實體）並不重要；硬體也許能決定運算的速度，但跟其他電腦執行的運算一模一樣。

這項理解機器智慧的方法，源自十七世紀法國哲學家笛卡兒提倡的人類智慧二元論。笛卡兒主張，人類的心智不屬於物質的範疇，跟身體有著天壤之別。他的名言「我思，故我在」反映了他的觀點，即自我的身分，也就是認識到自己的存在，其實來自思考能力，而非肉體本身。他由此得到一項結論：思考屬於精神領域，不同於身體的物質領域。不過，精神與身體必須互動，畢竟我們得透過身體來認識世界，腦中思考的資訊由眼睛、耳朵、鼻子等感官接收。兩者的互動也可以雙向，譬如思考可以做出決定，再叫身體加以執行。笛卡兒甚至明確指出互動的位置，他宣稱，精神與身體是在腦部的松果體進行溝通。GOFAI也區分了思維與行動，前者屬於非物質的軟體，後者屬於物質的硬體（只是沒有松果體的類比）。

由於GOFAI具有一些重大缺點，因此無法當作人類智慧的模型。我們不妨來讀讀物理學家恩內斯．勞倫斯．泰爾（Ernest Lawrence Thayer）的詩作《凱西出擊》，藉此了解其中一項缺點，詩作開頭如下：

當天九點，梅德維爾隊的情勢可不太妙：

比數二比四，只剩一局比賽就見分曉。

若你熟悉這首詩，應該曉得梅德維爾球迷的反應：

絕望的球迷起身離去，剩下的球迷內心依然懷抱希望，不願就此放棄；
他們心想：「只要凱西能夠上場——我們就賭注加碼，只求凱西拿球棒。」

你應該也知道球迷最後如願以償：

眼下投手握緊球，朝著凱西用力投，
空氣頓時被粉碎，凱西打擊力無窮。

你不需要擔心劇透，我們不會告訴你結局，而是要你思考各種可能性。若你對棒球有一定了解，就曉得凱西若不是擊球成功，就是揮棒落空。假使他擊中了球，可能力道強勁，或僅僅擦邊擊出。我們姑且假設他用力擊中，而且還是場外全壘打。這會造成什麼結果呢？首先，他會開始繞著壘包跑回本壘，替自家隊伍至少爭得一分。在場觀衆也會有所反應，梅德維爾的球迷想必會興高采烈地又跳又叫，大力稱讚凱西優異的打擊能力。但不是所有人都會這麼興奮，例如支持對手的球迷、毫不在意棒球的花生小販，或者一條街外心事重重的產婦等。凡是聽得到比賽的人，根據自己支持或下注的隊伍、對棒球是否了解到能體會球場傳來的騷動，也會有不一樣的反應。換句話說，這件事的本質十分複雜，某個行爲能促成什麼改變，實在很難判斷。若你是台依GOFAI原則運作的電腦，上述所有可能的結果，都得用你能理解的演算法內建於軟體中。針對每個可能的行爲，你都需要又臭又長的清單，列出所有必須做出的改變，才能忠實呈現世界的樣貌；你甚至需要更長的清單，列出所有絕對不能做出的改變。實際上，這些清單項目可能多到數不清。

這項需要設定各種變因的問題，電腦科學家和哲學家稱作「框架問題」。儘管學界對此已有些看法，問題依然難以解決。想知道爲何問題如此困難，不妨想想解決問題所需的知識。你得熟知棒球的規則與人類的情感反應，才能明白引發正面與負面情緒的原因；你還得了解大量的人類文化，才能明白爲何有人激動不已，有人卻毫不在乎；你甚至要略懂物理法則，才能理解距離球場很遠的民衆，很可能不會有所反應。一首詩的短短幾行文字，就蘊涵了以上種種知識。你得先認出詩中所指事件的關鍵特色，再運用這些特色來觸發相關知識。

ＧＯＦＡＩ還面臨了另一項問題。想像自己穿越一座森林，每踏出一步都是冒險，雙腳行經地面高矮不一的樹枝、刺藤和石頭，有時甚至得把重心分散於底部不穩的巨石上。無論從任何角度來看，你的腳必須順應環境。整體而言，它得朝著既定的方向前進；若把時間軸縮短來看，它得繞過許多障礙物或溼滑地帶，以免被纏住或弄溼；若再把時間軸縮得更短，它得順應踩到的任何東西。若沿途中出現有小圓石，可能得整隻腳踩過去。假使上述每個動作都要事先計畫，即神經中樞得準確計算腳的移動軌跡，以及腳上每條肌肉的運動，不但要能依路線帶你到既定目的地，同時得避開障礙物、適應地面環境，前前後後得進行一大堆運算，這就夠讓一台超級電腦忙很久了。

假如你要精確計算出踏出每一步的軌跡，得花上數小時、甚至數天繞著自家附近走，而且大部分時間都動不了，只有腦袋瘋狂運轉，進行工程學上的計算。但這正是ＧＯＦＡＩ系統的任務：行動前會優化並規畫每件事。煮咖啡的ＧＯＦＡＩ系統得花大部分時間思考，只花一點點時間真正在煮咖啡。ＧＯＦＡＩ機器人就好比加強版的「扶椅哲學家①」，大多時間都在沉思，僅有少許時間付諸行動。

機器人的電腦夠快的話，也許看起來沒花太多時間思考和計畫。現今，確實也有超快的電腦，運算速度快得令人咋舌。不過，即使是當代最快的電腦，也無法達到ＧＯＦＡＩ的標準。現在的機器人之所以厲害，是因爲把一種不同的運算模式納入其決策和行爲當中。這個運算模式的靈感其實源自於動物。

內化智慧

羅尼．布魯克（Rodney Brooks）是電腦科學教授，從一九八〇年代中期至今已在麻省理工學院任教二十年，引領了機器人學界的革命。從小在澳洲長大的他，十二歲就設計出電子版井字遊戲，反映他看待機器的方式。他一反傳統的設計方式，不把井字遊戲的邏輯內建到現有電腦軟體中，反而利用廢金屬、開關、電線和燈泡從頭打造遊戲。儘管設計方法與衆不同，但是他的這款井字遊戲幾乎戰無不勝。

布魯克不喜歡傳統ＧＯＦＡＩ機器人，因爲它們執行任務前需要明確的指示。程式設計師得仔細釐清需要運算的內容（如何進行演算、如何穿越房間、如何玩井字遊戲等），按部就班寫下步驟（演算法），再給機器人一套明確的規則，讓它按照步驟執行。布魯克認爲，眞正具備智能的機器人，理應不需要鉅細靡遺的指示。

布魯克主張，機器人設計得運用「內化智慧」（embodied intelligence，也譯具身智慧）

的方法，靈感來自生物的演化。生物的演化並非一步到位，而是逐漸累積承繼自祖先的生物功能，促使新物種慢慢出現。人類並非一出現在地球上就已發展完全，而是從簡單的生命形態演化而來，起初還不懂得思考，僅具備游泳、爬行、覓食和繁衍後代等能力。人體有專門的系統負責做這些事，這些系統都是經過天擇的考驗，依然可在魚類、昆蟲和其他動物（包括人類）身上看到。動物行走時，運用的是數百萬年前祖先就有的神經傳導路徑，先是懂得游泳，再來學會滑行，然後藉由愈來愈發達的四肢行走。這些遠古的動物也有自己的感官，後來演化爲哺乳類的眼睛、鼻子和耳朵。

因此，布魯克的團隊建造機器人時，給予它的任務非常簡單，只需要做一件事，譬如走路。不過，機器人能走得很好，而且不是事先詳細計畫每一步，而是即時順應環境的變化。機器的四肢基本上不是由萬能的中央處理器所主導，每個肢體都有彈簧和避震器，也能自行做些小小的決策，足以靠自己的智能應付小問題。布魯克設計的機器人四肢能分別避開並適應障礙物，沒有中央處理器在背後發號施令。這類機器人雖然無法憑一己之力走出複雜的迷宮，但走路時非常穩定，不會被路上的石子或水溝絆倒，可以應付岩石和沙地，上下坡也相對輕鬆。布魯克的想法是，精密的機器人懂得運用行走這個方針，將它融入更複雜的任務中，以後一旦出現新的模組，也許就可以跟走路的模組溝通，進而跟感測光線、解讀視覺訊號等其他模組互動。

這類機器人也許你已見過了，像是市面上販售的地板清潔機器人，說不定你家裡就有一台。這類圓盤狀的掃地機器人，能夠在家中四處移動清理地板，同時避開障礙物和危險的樓梯口；它具備兩個獨立滾動的輪子，還內建了許多感應器，以偵測是否即將撞到物體。若掃地機器人快碰到牆壁或物體，就會自動轉彎，改朝其他方向前進，但它並沒有預先規畫好路線，只是把輪子換個方向。它內建的感應器和控制器各司其職，並不曉得外界發生了什麼事。每個零件的功能單純卻有高度效能，結果就是機器人能漂亮地完成工作——把地板吸得乾乾淨淨。

這樣讓機器人把智慧內化的方法，稱作包容式結構，高階的模組包括了低階的功能，即把智能視爲龐大的金字塔：若想執行上層的複雜任務，就得綜合中層較簡單的技能，而中層技能又綜合了下層更簡單的技能。複雜任務不是藉由詳細的運算與計畫來完成，而是要仰賴層層分明的上下合作，而最底層的角色直接因應環境的變化。布魯克雖然沒打造出能執行複雜任務的機器人，但他的理念已融入當代主流機器人的極簡設計中。現今最先進的機器人並非內建一堆精密的功能，而是具備適應環境的能力，如此一來，它們就不必一舉一動都預先運算好，而是把這份工作交給周遭的世界。

人腦的思考邏輯

針對人類思維的研究，同樣出現了一波革命。正如同AI界對機器人有老派的觀念，認知科學對人類也有老派的觀念，與GOFAI的特徵雷同，也在同一時期成爲主流。根據這項觀念，人類處理符號的方式跟電腦一樣，只不過運用的是人類的軟體，先歸納出合理的結論，再將結果儲存於記憶中。這個觀點主張，人類腦部會進行大量運算，建構出世界的樣貌。我們日常生活與決策都要透過各式各樣的計算，找出最佳行動方案、儲存資訊並不斷更新知識。若我們眞的是如此思考，理應時時刻刻都覺得筋疲力盡才對，但我們多數時間並沒忙著建構世界的樣貌。

在一系列的實驗中，受試者要閱讀電腦螢幕上的文字。受試者都要戴上眼動儀，電腦才知道受試者在看哪裡。實驗還運用了一項妙招：螢幕上顯示的文字大多毫無意義，只是隨機排列字母，唯一有意義的文字，只在受試者目光前方的小視窗裡。由於電腦知道受試者在看哪裡，因此能把小視窗顯示於目光集中的位置。每當受試者移動目光，視窗也會跟著移動。無論受試者看哪裡，眞正的文字都會在小視窗出現，周圍只是字母的隨機組合。研究人員發現，只要視窗本身不會太小，受試者就不會注意到周圍的字母沒有意義，而視窗內的文字似乎完全正常，都是看得懂的內容。一般來說，視窗寬度至少可容納十七至十八個字元，目光左邊約兩到三個字元、右邊約十五個字元（因爲英文習慣由左往右讀），算起來其實不到六個單字。即使視窗外的單字只是字母大亂湊，受試者仍以爲自己在讀正常的內容。只要有人站在受試者後面看螢幕，多半能一眼看出這段文字有問題，但受試者自己卻渾然不知，只因爲眼前的文字具有意義，就以爲其他內容也是如此。

受試者在研究中體驗的並非眞實的世界，明明充滿了不知所云的文字，他們卻只看得到有意義的文字。無論目光往哪裡移動，眼前文字都說得通，因此以爲其他內容也是如此。他們以狹隘的目光觀看世界，未能察覺小小視窗外的混沌。這項研究顯示，我們容易憑著幾眼的印象，就對周遭世界做出結論。不過，難道我們幫自己所建構的世界樣貌，都如同舞台劇般虛幻不實嗎？這似乎也不太可能，因爲其實有個更簡單的解釋：受試者之所以認爲視窗外文字也有意義，是因爲周遭世界通常有道理可循（一般來說，心理學家、魔術師和藝術家不會故意要騙我們）。受試者在這項實驗中覺得一切正常，正是因爲眼前的有限資訊符合日常生活的經驗。

只要假定世界正常運轉，就能給人很大的安全感，代表我們不必什麼都記得，因爲資訊可從周遭環境取得。假如我想知道某件事，只要查一查即可，像是若我想知道這一頁最上面的句子，只要往上看就好了，不必把句子背起來。正如這類實驗的研究人員所說：「雙眼所見的環境，就好比外界的記憶儲存空間。」

想想看這對我們日常經驗有何啓示。對於現在所處的環境，你的了解有多少呢？想想附近有什麼物體，以及它們的相對位置。是否覺得自己好像對環境很熟悉呢？若現在有個機器人來讀取你的腦袋，應該會得到該環境的詳細面貌吧？你也許得稍微移動雙眼和頭部，或甚至要移動整個身體，以取得周遭環境的全貌，但你覺得自己是直接感受環境。根據前面描述的移動視窗實驗，這不過是自我感覺良好；你以爲腦袋裡有所處環境的空間模型，其實只是種錯覺。你看到的只是目光集中一個小小焦點罷了。

爲何你卻覺得自己熟悉整個環境呢？因爲無論眼神往哪裡移動，你都看得到這個環境。你之所以有熟悉的錯覺，是因爲不管目光落在何處，一切都看似正常（家具沒有飄浮到天花板上，樹木沒有一下出現一下消失）。你每次都只看到世界的極小部分，但曉得其他部分不會不見，只是不在自己的腦袋裡而已。無論你往哪裡看都是正常的事物，符合你對一般事物的理解，因此內心升起一股安全感。整個世界就是你的記憶體。你知道檯燈在左手邊，是因爲你往左看就可找到。不信的話，現在就閉上眼睛，重建周圍的環境，愈具體愈好。你平時視線上方有什麼東西？若你跟大部分人一樣，應該會很驚訝，自己的答案居然乏善可陳。我們以爲周遭環境的樣貌烙印在腦海裡，一五一十地重現了所有東西，但並非如此。

第二章提到超憶症患者，就是鉅細靡遺地記得大量過往經驗的人。我們好奇的是，超憶症患者記憶環境的方式，跟一般人是否有所差別。說不定，他們超強的記憶力讓他們更能在腦中運算，或比一般人更能忠實勾勒出環境的樣貌。倘若如此，他們就不會那麼依賴外界的資訊。不過，研究結果顯示，超憶症患者在這方面跟其他人並無差異。舉例來說，那位超憶症患者AJ就常忘記哪支鑰匙開哪扇門。有次，實驗人員要AJ閉上眼睛，說出他們當天的穿著，可是她卻說不太出來。說穿了，超憶症患者厲害之處在於能記得自己的人生經驗，而不是他們對世界的理解。

世界就是你的電腦

既然我們這章以棒球當例子，就繼續用它來進一步說明，我們的腦袋其實並非在不停地運算。想像一下，假使有顆高飛球直直朝你飛來，你如何決定應該到哪裡接球呢？傳統的認知科學會說，你腦袋裡的小小牛頓會自動接手，開始計算球的飛行軌跡、運用所有物理知識來預測球的落點。高中教的微積分你可能大都還給老師了，但身體的運動系統可能知道要做何反應：球被擊中時，軌跡會呈現拋物線（暫且不論風力和摩擦力），你只要預測一些參數，記得拋物線可用二次方程式計算，再快速解開算式就搞定了。方程式會指出要在哪裡接球，這就是具備GOFAI邏輯機器人會做的事：坐在原地思考一陣子（但願不要思考太久），再移動到正確位置（前提是運算無誤）。

想成功擠進大聯盟，不必死背或內化二次方程式。其實，接球有個更簡單的方式，而且幾乎不太需要動腦。與其辛辛苦苦地計算軌跡，不如善用這項妙招前往球的落點：假如高飛球往你的方向飛來，最自然的方式是緊盯著球，先抬頭將目光向上移，看它升到高空、逐漸朝你飛來；你的視線與地面會形成一定角度。重點來了，若想正好跑到球落下的位置，你只要往前或往後跑就好，這樣仰視角度就會以固定速率增加。另外，你必須一直仰著頭（或眼球往上移動），讓目光集中在球上，以追蹤球的移動路線。屆時你會意外地發現，自己的視線得一直往上移動，就算球開始落下也一樣。外野手在球場上奔跑準備接球時，都會調整移動的方向和速度，讓目光能以固定速率向上移動，進而抵達正確地點準備攔截，最後只要接球即可。

至今已有許多實驗，詳細測量經驗豐富的棒壘球選手如何接飛球，以及如何追逐沿著詭異路徑移動的假球，最後都得到一致的結果：這些選手並非在內心計算球的方向，而是直接盯著飛來的球，跟著穩定上移的視線，跑到正確的位置接球。

這項以視線爲主的策略，不僅比計算飛行軌跡輕鬆，還有其他優點。首先，你所需資訊都可立即取得，幾乎不會用到任何記憶。想知道視線朝哪個方向，只要知道地面在哪與眼睛看哪就好；想知道視線改變的速率，只要知道頭部動得多快就好，這點你的感官系統非常清楚。相較之下，重視運算的GOFAI需要建構拋物線的軌跡，代表至少要找出飛行路徑的三個點，然後插入數學函數，這可不太容易喔。

這項策略的第二個優點，就是讓球員能立刻動起來，不必事先進行一大堆運算，而是可以（或應該說必須）——馬上開始移動並增加仰視角度。這等於是幫球員爭取更多時間接球，難怪職業棒球選手都採取相同作法。

再舉一個更簡單卻更有說服力的例子，證明我們會藉助身處的環境來運算，那就是在狹窄空間內移動的時候。想像一下，你正跑步穿越一片麥田（若附近剛好有麥田，不妨親自實驗看看），身旁麥子往後退的速度比遠方麥子來得快，這牽涉光線如何從麥田表面反射再進入你的眼睛。這個情境中不同要素的排列組合，打造出具有一定規律的圖形，反映了你穿越麥田的軌跡。假如你跑到一半突然轉彎，沿途麥子就會照著你的路線，畫出同心圓的弧線，這是因爲光線經反射後才進入眼睛，這就叫作光流（optic flow），意指你在移動的當下，光線反射表面再進入眼睛所畫出的軌跡。光流遵守著明確的定律。舉例來說，若你用剛才穿越麥田的路線去穿越一座蘋果園，就會擁有相同的光流體驗；你看到的東西當然不一樣（上次是麥子，這次是果樹），但光線的規律並無二致——離你較遠的果樹就跟較遠的麥子一樣，看起來往後退的速度較慢。

另一個能感受到光流的地方是高速公路。交通部門在路上塗的線條，是要讓你保持在固定車道直行。只要兩邊標線往後退的速度看起來一致，你就會保持在自己的車道。我們之所以知道這點，是根據行車模擬器的實驗結果。這類模擬器都附有電腦螢幕，假如兩邊標線後退速度一快一慢，受試者就會不自覺偏向速度慢的那一側。交通部門知道一般人對光流很敏感，因此若希望開車的人減速，只要利用路面標線製造錯覺，讓人誤以爲車速過快即可。這招用在高速公路出口匝道特別有效。

一般人在進門時也會運用光流，比方說你想走正中間、避免撞到兩邊的門柱，方法之一就是估測自己與門的距離、門的寬度，並計算進門應採取的角度等，這些都是ＧＯＦＡＩ機器人會考慮的因素，牽涉了大量的運算與估測。對於趕時間的機器人，這項方法實在強人所難。其實有項方法既快速又輕鬆：直接朝門走過去，確定兩邊門框是等速迎面而來（用專業術語來說，就是確定兩邊光流相互對稱），就這麼簡單，如此一來，不管進哪個房間，肩膀都不會撞到門框。這也是一般人進門的方式。我們之所以曉得，是因爲若在虛擬實境中，刻意加速單側的光流，受試者就無法從正中央進門，而會偏離光流較快的那一側。蜜蜂與其他昆蟲同樣會利用光流。蜜蜂用光流來進入蜂巢、穿越隧道。在一些實驗中，研究人員設計了特殊的隧道，可以任意調整左右兩側的光流；他們讓蜜蜂穿越隧道時，發現蜜蜂會靠近光流較慢的牆面。若蜜蜂等昆蟲可以辦得到，代表這不可能需要太多運算，過程必定十分簡單。

以上所有研究都顯示，人類（和昆蟲）都不是土法煉鋼地從事大量運算，中間穿插著少數行動，以設法建造出認知模型。人類會運用世界的資訊，像是球體和表面的光學原理來簡化應該採取的行動。許多例子一再顯示，我們回應的資訊並非存在腦袋裡，而是在周遭環境中。這不僅限於接球和進門而已，我們在洗碗盤時，整疊的髒碗盤意味著家事還沒完成，每個碗盤的光澤則代表乾淨與否，而碗盤不再滴水就表示可以收了，幾乎沒半件事需要特別去記。同理可證，我們閱讀書本某一頁時，只需看懂目光集中的那串字詞，不必煩惱還沒讀到的內容。

前文討論了接球與閱讀的例子，顯示不是所有知識都在我們的腦袋裡。從基礎的日常生活到高階的創造思考，我們都把世界當成自己的記憶倉庫。書桌上成堆的文件，提醒我們未完成的工作；一封封未讀電子郵件，更逐漸成為待辦事項的清單；而無論是實體或電子行事曆，也是具備同樣的用途。接下來要討論的是，我們如何把身體當成實用又靈活的記憶倉庫。

大腦與心智

你覺得心智位於何處呢？多數人會回答在大腦裡，認為唯有人類最精密的器官，才會出現思考這項人類最優異的能力。假如這項對心智的解讀正確，就會影響你如何進行簡單的任務，譬如決定照片中澆花壺之類日常物品是否上下顛倒。你的任務就只要看一下照片，讓大腦決定物品正常的方向即可；若照片中物品方向正常就回答「是」，方向顛倒則回答「否」。

一項實驗就給予受試者上述指示，他們有時會用左手按鈕表達「是」、有時用右手按鈕表達「否」。至此一切都沒問題，受試者半秒左右就能回答。但實驗人員很賊，改變了一個小細節，這個細節理應不重要才對：物品的方向有些朝左、有些朝右。舉例來說，半數圖片中的澆花壺握把在右邊、另外一半的握把則在左邊。若你單純用大腦內的知識來決定它是否上下顛倒，握把的左右理應沒有影響才對。但是，結果卻是有影響。受試者以右手回答「是」時，只要握把位於右邊，他們的反應就比較快；受試者以左手回答「是」時，反而是握把位於左邊時，他的反應會比較快。

這項實驗結果顯示，對於握把位於右邊的器具，使用右手按鈕較爲容易。你一看到照片中的物品，身體就不自覺地準備與其互動；右邊的握把正呼喚著你的右手，而非左手，就算僅是照片也一樣。正因爲右手準備好動作，你的右手反應才會比較快，儘管問題是物品的方向，無關乎任何動作。既然手已準備好跟物品互動，身體等於直接影響你回答問題的時間。你不只是從大腦獲取答案這麼簡單，而是身體與大腦同時對照片產生反應才得到答案。

我們藉助身體思考與記憶的例子不勝枚舉。譬如有項研究顯示，想要回憶起某個場景，實際演出的效果優於其他記憶技巧。這類結果可佐證「具身化」的概念，即身體在認知處理的過程中至關重要。思考不是指在內心一塊黑板上拼命計算，而是藉助於身體與物品的互動。

想要輕鬆算術的話，就得有紙張或黑板等外在事物的幫忙（計算機也可以）。在部分文化中，數字系統跟身體息息相關。巴布亞紐幾內亞的奧克薩普明族人就是用二十七個身體部位依序計數，數字開頭是一手的姆指，往上到鼻子，再往下到身體另一邊的小指。因此，他們的數字系統二十七進位。其他以身體部位來計算的文化也不少，歐美文化也許就是其中之一。我們之所以高度仰賴十進位系統，很可能是因爲有十根手指，像小孩就常常用手指來幫自己算術。

我們的認知與當下思考的事物密不可分。我們創作音樂時，腦袋中的音符、嘴巴發出或樂器奏出的音樂都相互依存，也屬於同一個創作過程。若你眞的有一把吉他，動動手指假裝彈奏，往往對創作大有幫助；拼字或算術時把思考內容寫下來，解題就輕鬆許多。整體來說，思考若能跟外在世界結合，效益就會更加明顯。這個事實也反映了一項要點：思考並非脫離身體、只在腦內運作的過程，心智活動也不只於腦內進行。大腦只是整個資訊處理體系的一環，還要考量身體和周遭世界的不同面向。

我們甚至會把情緒反應當作記憶儲存。每當我們對外界發生的事感到欣喜、痛苦或恐懼時，就會發現什麼需要注意、什麼應該避免。南加州大學神經科學家安東尼奧・達馬修（Antonio Damasio）稱之爲「軀體標記」（somatic markers），「soma」一字源自希臘文的「身體」。我們的身體會產生不同情感，提升我們的覺察力、適時給予警訊。每當某個選擇令人滿足，我們就會產生正面的情感反應，好心情油然而生。這就是身體在說，我們應該聆聽且探索自己的感受。因此，我們在法式甜點店才會有幸福感，身體要我們注意眼前令人垂涎的蛋糕；每當某個選擇令人失望，我們就會產生負面的情感反應，像是嫌惡或恐懼，身體就是要我們迴避，因爲選擇可能帶來某種危險，或單純惹人生厭。適當的嫌惡反應會讓我們避開危險源。假使道路中央有灘咖啡色液體，這個反應就能派上用場，但若是我們得清理的東西，那可能會造成心理障礙。恐懼反應也是一樣，當我們遇到毒蛇或敵人，恐懼反應就非常實用，但若是對陌生人表現出恐懼，則可能惹上麻煩。

上述情緒反應在在影響了我們的決策過程，也決定了思考的方向與可能的行動。我們較容易仔細考慮不會引發恐懼的事物，寧願煩惱要吃哪塊法式糕點，也不會多想地上的一灘噁心液體。由此看來，情緒反應不只影響思考，甚至可以代替思考。

這些情緒反應從何而來呢？最簡單的說法就是有些反應是與生俱來，譬如我們怕蛇的心理，可能來自數千年來被毒蛇包圍的經驗，因而深植於基因之中。確實可能如此。一旦害怕到難以控制，人就會產生恐懼症。而現今常見的恐懼症，通常跟史前時代的危險事物有關，譬如蜘蛛恐懼症、懼高症、懼曠症等。這些恐懼反映出演化史上人類祖先面臨的危險。說不定，還有人患有MP3恐懼症或BMW恐懼症，只是我們不曉得而已。天擇缺乏誘因把這些恐懼內建到基因裡。但有些恐懼難以用演化史來解釋，像是飛行恐懼症，或害怕腹語術表演的假人恐懼症。這類恐懼症是基於過去經驗逐漸產生，而且應該有著觀念或文化上的緣由。舉例來說，飛行恐懼症可能跟飛行一事難以想像有關，違反了我們對物理的因果認知。這麼笨重的金屬龐然大物，怎麼可能飛上天空呢？

至於嫌惡的反應則是身體發出警訊，表示某項事物不健康，應該加以避免。我們只要遇到可能危害健康的事物，嫌惡感就能讓我們敬而遠之。除了排斥體液和帶有細菌的液體，我們也會對特定行為產生嫌惡。部分心理學家主張，嫌惡感會導致道德議題上的某些反應，譬如有些人想到同性性行為就心生厭惡、更多人想到兄弟姊妹之間的性行為會覺得噁心。想到特定行為就感到懼怕和嫌惡，可能就是在抽象層面中受到軀體標記的影響。身體會讓我們知道某項行為適當與否，幸好我們（腦中的小人）保有是否要順從身體意見的選擇權。

這些只是我們運用身體來思考與記憶的一些例子。重點在於，我們不應該把心智視為資訊處理器，成天在腦中進行抽象運算；我們得仰賴大腦、身體和外在環境的共同合作，才有辦法記憶、推理和決策。知識其實散布於這整個體系，並非僅存於大腦裡。思考也不是發生在大腦中，而是藉助大腦、身體和世界的知識，聰明地採取的行動。換句話說，心智並非藏在大腦裡，反而是大腦藏在心智裡。心智運用大腦與其他事物來處理資訊。

我們已稍微回答了人類如何在相對無知的情形下，還有辦法駕馭環境。當一個人可以取得外在支援，就可以大幅改善無知的狀況。整個世界，包括我們自己的身體，就像是龐大的記憶倉庫與輔助工具，讓我們不容易被無知給矇蔽。下一章要探討的是，我們還有一個更大的記憶倉庫和強力奧援，即社會上的其他人。

①對於重視抽象推理、概念分析哲學家的戲稱，意指光坐在扶手椅上思考不做事。

第六章

藉助他人來思考

我們現在已曉得，思考是演化來輔助複雜的行爲，而心智處理資訊的目的，是要讓人能採取行動、依照自我喜好改變環境。我們也已經明白，思考會藉助環境來消化資訊。世界就像龐大的記憶倉庫，是我們思考過程的一環。但是，一個人能做到的事情有限，在大自然中，我們經常看到衆多個體的整合協調，最後促成了複雜的行爲。當多個認知系統合作無間，群體的智慧就會浮現，大幅超越個體的能力。

蜜蜂就是最好的例子。蜂巢的構造複雜又奧妙，並非僅是各部分的總和。蜂巢就好像大企業，運用相同的管理架構：不同個體各司其職。第一類是全是雌性的工蜂，負責保護蜂巢、採花蜜和花粉、釀製蜂蜜過冬、建造巢脾貯存食物、餵飼幼蟲等；第二類是蜂后，負責繁殖蜂群、交尾、產卵；第三類是雄蜂，任務是離開蜂群，跟另一蜂群的蜂后交尾。蜂巢本身的結構嚴密，蜂蜜和花粉貯存於上方巢房中。發育時期的幼蟲則在靠近底部的巢房，無論是發育中的工蜂、雄蜂或蜂后都有自己的生活區域。

在蜂巢內的分工合作下，許多棘手的問題也迎刃而解。工蜂採集並貯存食物，好讓蜂群能度過沒有花粉與花蜜的冬天。工蜂也得保護著蜂巢、抵禦外敵入侵，確保食物和幼蟲的安全。蜂后與其他蜂群的雄蜂交尾，則可促進基因的多元性。

單一蜜蜂無法自食其力。工蜂不能交尾，雄蜂無法覓食，蜂后無力保護幼蟲。每隻蜜蜂各司其職，專精分內工作。工蜂並不知道自己是工蜂，雄蜂也不知道自己是雄蜂，牠們都只是做好演化交付的任務。整個蜂巢之所以運作順暢，是因爲在這無比龐雜的行爲體系中，每隻蜜蜂負責的工作相對簡單。

即使是一個人，也比一隻蜜蜂聰明多了。從另一層面來看，人類和蜜蜂有項重要的共通特質：兩者都駕馭著團結合作的力量，進而造就無窮的智慧。人類是演化史上最複雜也最優秀的物種，但不只是因爲個人的聰明才智，更是因爲衆人的集思廣益。

群體狩獵

物種的存續得仰賴幾項因素，其中之一就是取得食物。從十九世紀末開始，人類學文獻就有許多紀錄顯示，史前人類是史上最聰明的獵人。非洲、中東、歐洲和美洲等世界各地都挖出大量的獸骨，上頭清楚留有屠宰的痕跡。遠古的人類無所不獵，包括當時大型陸地動物，像是長毛象、大象、犀牛、原牛和犎牛等。人類絕佳的狩獵能力，可能是許多大型哺乳類絕跡的主因之一。我們的祖先固然骨瘦如柴，卻能俐落地屠宰比自己大好幾倍的動物。人類出現之前，狩獵成功與否端視身體素質是否優異，像是力量、體型或速度。人類出現之後，因爲懂得動腦思考，突然之間，就算動物的體型大如巴士，可能也保護不了自己。

至於遠古人類如何達到這些了不起的成就，人類學家和民族誌學家已重建了部分策略與技巧。可以確定的是，狩獵是種群體的活動，需要的合作與分工是人類所獨有。群體狩獵往往高度複雜且步調一致，需要許多人的參與，但最後會帶來很大的收穫，獵人們通常出去探險一次就能宰殺大量的巨型動物，足以維持接下來數月的生活所需。

人類學家約翰．斯貝思（John Speth）描述了上次冰河時期末（即更新世晚期）北美西部人類群體狩獵犎牛的行爲。獵人把犎牛群引誘到設置好陷阱的地點，有時動輒一走就是好幾英里。這些陷阱也許是能把牠們困住的乾涸河道，或是專門建造來困住牠們的圍欄，有時獵人會故意把牛群引到懸崖邊，讓牠們墜崖而死。

這些狩獵活動需要出色的技能、細心的規畫與密切的配合。狩獵通常是由一位熟悉犎牛習性的薩滿帶領。想要操控牛群的行爲，薩滿需要多年實務經驗累積的專業知識，懂得運用一些妙招，像是身上披著犎牛皮，讓牛群誤以爲他是領頭牛。其餘部落成員則沿途部署，好讓牛群往正確方向前進。獵人們在埋藏陷阱的地點，靜候適當時機再下手。整個狩獵過程經過縝密安排。萬一牛群嗅到人類的氣味而起疑，或在抵達陷阱前就受驚狂奔，行動就只能宣告失敗。

宰殺動物只是狩獵的目標之一。動物死亡後，肉得切割保存，這也是很浩大的工程。想像一下，屠宰並保存一群犎牛，每隻重達三千五百磅，得耗費多大的力氣。這就需要整個群體的通力合作才辦得到。

由此可見，個人的智慧確實有助於狩獵。打造高性能的武器、預測動物受威脅的反應、屠宰並保存肉類等，都需要出眾的智慧。但個人再怎麼聰明，都無法一次狩獵就解決一群犎牛，更甭提體型更大的長毛象了。這些都藉由認知勞力的分工，單打獨鬥絕對辦不到。群體內每位成員各有專長，齊心協力才能達成共同的目標。薩滿投注時間和心力學會如何集中犎牛。但這也有賴群體其他人做好份內工作，舉凡用矛、屠宰、生火等，一旦認知勞力適當分工，整體效率和能力就會出現爆炸般的成長。

這般認知勞力分工帶來的巨大好處，可從建築物的興建過程直接觀察到。一個人只能搭起帳篷，或頂多蓋棟小木屋。當代的房子則需要群策群力，以完成諸如室內管路裝置、隔熱措施、空調系統和一應俱全的廚房設備。想想看，打造一棟當代房子需要多少不同專業人士的參與，涵蓋了測量、挖土、構架、砌磚、屋面、水電、隔間和窗戶安裝、各項木作、繪圖、塗泥、造景、地毯鋪設等。有些人會不只一樣工作，但沒有人可以包辦所有工作，既要符合建築法規、又要滿足現今消費者。

從埃及金字塔到當代摩天大樓，凡是重大建設的興建，都需要認知勞力分工。中古大教堂之所以蓋得起來，得仰賴遠道而來的石匠，以及採石工、泥水工、混漿工等技術人員，當然還需要贊助人、建築師和設計師當推手。這些大教堂的興建都是動員眾人的計畫，時程短則數十年、長則數百年，許多工人一輩子都看不到教堂竣工的全貌。正因爲當時所有人同心協力，今日世界上才會有這麼多雄偉、美麗又屹立不搖的大教堂。

這些例子凸顯了心智一項關鍵特色：心智的演進，不是單憑個人坐在桌前設法解決問題，而是有賴群體內所有成員的相互合作。我們的思考在演進時也互依互存，跟別人的思考共同運作。這就好像蜂巢一樣，每一個體都專精於單一領域，從而浮現的群體智慧，發揮一加一大於二的功效。

聰明的腦袋

從演化的時間尺度來看，現代人類從人科動物（即與人類血緣相近的靈長類）演化過來的速度快得驚人。兩三百萬年前人屬在非洲草原上出現，僅僅約二十萬年後，就演化出現代人類。這段期間，人類的認知能力大幅成長。現代人類並沒比祖先來得強壯或敏捷，眞正的優勢在於腦部的尺寸。現代人類腦容量是人類祖先的三倍左右。人類學家把腦容量的倍增稱作「腦化」（encephalization）。人腦如此快速地成長，卻也替演化論帶來一項難題——腦部愈大就愈耗能，由於體內熱量有限，代價就是較爲虛弱的身體。此外，腦部大就意味著頭骨也大，母親在分娩時就容易疼痛，也有難產風險。我們何以不惜付出這些代價，迅速變得如此聰明呢？

現代人類腦容量和智力的爆增，可以從兩個角度來解釋。根據演化論的假設，這是源自個人適應環境的能力增加。舉例來說，剝開硬殼或硬皮以取得果肉的覓食能力，可能提供了人科動物適應上的優勢，藉此取得更多熱量。同樣地，腦中記憶的活動範圍愈多，就會有愈多食物來源，身體也就跟著愈發強健。

上述演化論的假說著重於個人能力，另一派學者則主張，人類智力的演化動力是衆多認知系統的整合，以追求複雜的共同目標。這就稱作「社會腦假說」，將智力的增加歸因於人群的複雜度與規模雙雙增加。群居生活伴隨著優勢，上述的狩獵活動就是一例，但群居也需要一定的認知能力，像是進行複雜溝通的能力、理解並整合他人觀點的能力、追求共同目標的能力。根據社會腦假說，群居生活相關的認知需求和適應優勢，最終引發了雪球效應——隨著群體的規模擴大、發展出較複雜的共同行爲，個人也隨之發展出全新能力來輔助這些行爲，到頭來只會讓群體更加擴大、群體行爲也更加複雜。

狩獵正是群體活動逐漸複雜化的例子。早期人類祖先的獵人，確實聰明得足以包圍落單的獵物、阻斷獵物的逃跑路線（狗也是如此）。經過了數千年，人類群體才繁複到足以從事相互配合的群體活動，才能捕捉、獵殺和屠宰一大群犎牛。這項狩獵能力可能正是區別現代人類和先前物種的關鍵。狩獵很可能有助於人類演化。

人類學家羅賓．鄧巴爾（Robin Dunbar）著手蒐集許多靈長類動物的資料，希望檢驗演化假說與社會腦假說這兩項理論。他蒐集的資料包括不同動物的腦容量、牠們生存的環境狀況（像是活動範圍和飲食習慣）以及平均群體大小等社會面向。結果顯示，腦容量和群體大小息息相關。群體較大的靈長類動物，腦部也較大。相較之下，領土範圍和飲食等環境指標，則跟腦容量沒有關係。這項發現顯示，大型的腦部特別能輔助群居生活所需的能力。

特定能力仰賴繁雜的心智處理過程，而且得跟其他人互動才會演化。語言能力就是最明顯的例子。許多物種能進行簡單的溝通。蜜蜂能藉由跳某種舞蹈和釋放費洛蒙，把花蜜產量高的花叢位置告訴其他蜜蜂，蜂巢內部要順利運作，蜜蜂就得彼此溝通。大批工蜂可以搜尋最佳採蜜地點，讓巢內其他夥伴知道是否挖到寶了。這樣的資訊一旦傳遞出去，牠們就可以直接到最富饒的區域採蜜。溝通讓蜂群事半功倍。

不過，舞蹈和費洛蒙能傳遞的資訊有限。若動物界舉辦一場溝通大賽，人類可以輕鬆贏得金牌。人類跟其他動物差別最大之處，就是可以無視資訊複雜與否，直接用語言溝通想法。只要有群體狩獵習性的動物，都可能進行一定的溝通，以配合彼此的行為。但早期人類擅長的狩獵活動，則需要無縫溝通複雜數倍的資訊：像是獵物所在位置，要把獵物趕至何處等空間資訊，以及如何集中、獵殺和屠宰獵物等種種複雜的因果資訊，更別提討論如何分食獵物所需的語言能力。

假如我們一起狩獵，基於實務考量，最好知道彼此的意圖。除了透過溝通協調之外，我還能藉由解讀你的行為得知意圖。若我看到你舉起弓箭，瞄準一頭犎牛，自然會認為你打算加以射殺。你也許不曉得，在做出這項推論前，牽涉了多少的內心機制。我得從你的行為（舉起弓箭）倒推，推敲出你的意圖（射殺那頭犎牛）。這得先知道或了解自身的欲望（想殺那頭犎牛）、信念（你知道自己殺得了牠）和品格（你在道德上並不反對殺生）。若我任由你自己射殺那頭犎牛，代表我相信你願意合作，不會拿了犎牛肉就跑了。人類時時刻刻都在做這樣的推論，不費吹灰之力，就能自動評估他人的內心狀態。當然，解讀他人意圖和內心的能力有高有低，但每個人多少都可以辦到。狗也相當擅長這點，只是沒人類厲害，無法從瞄準弓箭就推論出殺牛的目的。揣測他人內心狀態的推理能力，是讓群體內成員相互合作的關鍵要素。

共同意向性

人類的能力所及，遠遠不只解讀他人的意圖，還有一項機器或動物認知系統所缺乏的能力：人類可以與他人專注於同一件事。人類彼此互動時，不只是單純地共享經驗，同時也會意識到自己在共享經驗。這項認知不僅改變了該經驗的本質，也改變了彼此的行為，以及跟人合作能達成的目標。

在知識共同體中，凡是進行認知勞力分工的群體，想要成員彼此充分合作，就必須能共同專注於一件事。我們一旦能共享專注力，便可以做到更難得的事：達成共識。我們知道自己知道的某些東西別人也知道，我們也知道他們知道我們知道（當然，我們知道他們知道我們知道他們知道，以此類推）。知識不僅是分配而已，而是所有人共享。一旦知識這般共享後，我們就擁有共同的意向性（intentionality），可以追求共同的目標。人類的基礎才能之一，就是跟其他人擁有共同的意向，因此可以透過合作來完成任務。

這些觀念主要源自一位重量級的俄國心理學家列夫・維果斯基（Lev Vygotsky）。二十世紀初，他就發展出一項看法——心智是一種社會實體。維果斯基主張，人類跟其他物種最大的差異不在於個人的腦袋有多好，而是人類能透過別人與文化學習，而且懂得相互合作——在群體活動中，人類都會彼此互動。維果斯基的見解，正是知識共同體這項概念的濫觴。

德國萊比錫馬克斯・普朗克演化人類學研究所的麥可・托瑪塞羅（Michael Tomasello）與其他研究人員，多年來研究小孩與黑猩猩的行爲，對於何謂共同意向性有深入的了解。爲何小孩長大成人能參與藝文活動、接受高等教育、操作精密儀器、合法使用大麻、品嘗波本威士忌、欣賞鄉村或西洋音樂，但反觀黑猩猩今日的群體生活模式，卻跟牠們剛在地球上出現時幾無差異？

這些研究人員的觀察可供我們參考。當一位成人和一名幼兒同處一室，室內擺了一個不透明的桶子。接著，成人在幼兒面前用手指著桶子。假如成人的動作來得突然，幼兒就會滿臉困惑。這位成人的用意到底是什麼？是要幼兒注意桶子的形狀、顏色、材質或其他特徵呢？現在，假設成人和幼兒在玩遊戲：成人藏起某樣物品，再要幼兒找出來。當成人在遊戲過程中指著桶子，幼兒應該會理解成人的目的也告訴幼兒物品的位置。研究人員發現，十四個月大的幼兒就能完成這項任務，他們能理解該情境中成人的用意。至於黑猩猩與其他類人猿，無論年紀大小都辦不到。

黑猩猩與其他類人猿固然高度演化，卻無法理解人類的意向。類人猿只能跟隨人類的視線，卻不懂人類指的是剛才一起玩的東西。牠們無法單純看著那樣物品，就明白人類也在注意相同的物品，更不可能心想：「嗯哼，這個人類要我想他在想的東西，就是我們剛才在玩的玩具。」類人猿能理解人類想達到某項目的，卻無法明白人類在注意什麼東西，自然就不能相互合作、追求共同的目標。

再以人類的手勢爲例。各種手勢是人類溝通的重要一環。我們用手勢來傳遞資訊（用手指著目標或模仿特定動作）、同理對方（敞開或緊抱雙臂）或提出要求（示意叫人過來）。九個月大的幼兒就會用手勢吸引大人，這樣彼此就能一起注意某些物品。相較之下，黑猩猩等類人猿的手勢，只是爲了要操控同類——告訴對方如何做事，或回應需求。人類的手勢是希望彼此觀點一致，類人猿的手勢只在完成眼前任務。

在另一項研究中，托瑪塞羅與同仁要一位成人受試者與一名小孩共同完成某項任務，但故意指示該成人中途放棄，結果小孩見狀，往往會鼓勵成人重新參與。成人的合作對象換成黑猩猩時，黑猩猩卻沒有類似的表現。托瑪塞羅與同仁在報告中寫道：「小孩跟黑猩猩不同之處在於，小孩好像經常會爲了合作而合作。例如，他們進行互動型遊戲和工具型任務都會合作，此外，他們在工具型任務中獲得玩具後，往往會再把玩具擺回裝置中，重新執行一次任務。」小孩是爲了參與而參與，黑猩猩則無法掌握參與的概念。

在這些案例中，人類最特別的就是跟他人專注於同一件事的能力，甚至可以說是種需求。人類生來的目的就是互助合作。

具備共享「意向性」的能力，才可以輔助人類最重要的能力：儲存知識，代代相傳。這造就了人類學家所說的累積型文化。我們的社會腦藉由語言、合作和勞力分工來傳遞知識，久而久之就會累積成文化。人類成功走到今天，這正是數一數二重要的元素。人類的能力不斷提升，但並非因爲個人愈變愈聰明。相較於數百萬年來運作方式大同小異的蜂巢，我們共同追求的目標愈趨複雜、共享的智慧也愈發驚人。

我們經常會以爲社交能力和智力成反比。隨便找部八〇年代的電影來看，都會有個符合刻板印象的宅男，數理能力超強卻不敢跟女生說話，這些電影角色無法反映個人和群體智慧的深度連結。下文即將提到，最聰明的人（此處是指最有成就的人）很可能也最懂得理解他人。

當代的團隊合作

我們的生活中種種跡象，都顯示了人的認知能力屬於共同演化。觀察一群小小孩與人互動，會發現他們多半積極參與群體思考，無論對象是小孩或成人皆然。他們會發明遊戲、角色扮演、一起解決問題或爭吵。

成人也一樣。若你跟一群朋友談天說笑，大家往往得靠彼此的力量。有時，群體中會有個主要說故事的人，其他人會都專注聆聽；但多數的交談都是群體成員的合作。不同人貢獻各自的點子、利用彼此的話來自由聯想，笑話就於焉誕生。

這不僅限於跟朋友玩樂而已，科學實驗會議也有此特色。研究人員圍著桌子開會，通常有投影片或白板等視聽設備的輔助，每個人貢獻部分知識和想法，提出問題，並且解答問題，時而拋出假設，時而意見交鋒，最後也許會達成共識。整個輪流發言和回應的過程其實頗爲混亂。

在許多環境中，這都是把事做好的最佳方式。現今，醫院通常採用團隊合作的模式來照護病患，身懷不同專業的醫療人員，舉凡醫師、護理師、實習生、技師、藥劑師和照護專員都會相互配合。醫療團隊沒有明顯的領導者，而是集結了各種專業，最佳情況下能善用衆人智慧，發揮一加一大於二的效果。民航客機能飛上天空，則仰賴著機師、副機師、航管員所組成的團隊，以及當代飛機不可或缺的精密自動飛行系統。今日許多重大決策都是由委員會所達成，包括政府政策、陪審團判決、軍事策略、運動賽事策略等，可以說已成為解決問題的不二法門。

當今科學的尖端知識無比深奧，需要龐大團隊才能持續進步。假如你是普通物理學家，二〇一二年發現希格斯玻色子就是件震撼物理學界的大事。多虧了這項發現，物理學家得以完備現實世界如何運作的基礎理論。那是誰發現這個粒子的呢？我們通常會歸功於彼得．希格斯（Peter Higgs）和弗朗索瓦．恩格勒（Francois Englert），這兩位物理學家於二〇一三年也獲頒諾貝爾物理學獎，以表彰他們對此帶來的貢獻。實際上，若非有來自近四十個國家的數千名物理學家、工程師和研究生的合作，不可能會發現希格斯玻色子。近三千位學者發表了許多重要物理論文，進而促成了這項發現，當然還有觀察到希格斯玻色子的大型強子對撞機，這可是歐洲核子研究組織斥資六十四億美元、投入無數人力才能成功建造運轉。這項工程需要龐雜又專門的分工，即使是其中的千分之一，個人也無法憑一己之力完成，專業知識分散在數千人身上。

心理學研究已顯示，一般人都不自覺地進行認知勞力分工。想像你跟朋友正在煮一頓特別的晚餐。你的廚藝高超，朋友則是品酒專家，堪稱業餘的侍酒師。某位鄰居順道來訪，開始跟你們說附近一家酒商進了批很棒的葡萄酒。他說了一大堆新酒的名稱，因此有很多要記的內容。你會多認真去記鄰居推薦的新酒呢？身旁那位品酒專家對這些資訊記得更仔細，你何必自找麻煩呢？若朋友不在的話再費心也不遲。畢竟，晚上大餐有好酒搭配是美事一樁，只不過朋友要記這些酒名輕鬆太多了。

哈佛社會心理學家東妮・朱利安諾（Toni Giuliano）和丹尼爾・韋格納（Daniel Wegner）所做的實驗就反映了這點。兩人找來穩定交往至少三個月的情侶當受試者，要一對對情侶記住一連串不同的物品，像是特定的電腦品牌，同時要情侶針對每件物品，評估兩人中誰具備較多專業知識（例如，若兩人分別是電腦工程師和廚師，前者就對電腦比較了解）。結果顯示，情侶會進行記憶分工，認領屬於自己專業領域的東西，容易忘記屬於另一半專業領域的東西，或至少不會耗費心力去記憶。換句話說，每個人都交給另一半處理跟他們專業相關的事物。一般人都只記得特定共同體內的知識，才能最大化對認知勞力分工的貢獻，其餘就交給各領域的專家了。

語言、記憶和注意力等所有心智功能，都可視爲散布於知識共同體之中，按照認知勞力分工的原則來運作。

模糊的邊界

我們的認知勞力分工進行得這麼自然，啓示之一就是自己與團隊其他成員的想法與知識，其實並非涇渭分明的界限。許多人老愛爭辯披頭四樂團之所以偉大，究竟是因爲約翰・藍儂的深刻內涵，還是因爲保羅・麥卡尼的洋溢才華？我們認爲答案很明顯，披頭四之所以偉大，是因爲一九五七年七月六日那天，在英國利物浦的聖彼得教堂中，藍儂與其他採石者樂團成員上台表演前，經人介紹認識了麥卡尼。正是因爲這次會面，兩人展開了音樂上的合作，這層合作再搭配喬治和林哥，共同造就了披頭四的傳奇。如此了不起的創作精神改變了流行文化，這並非單一成員的貢獻，而是所有成員互動的結果。

本書發想之初，我們兩位作者也跟其他人合作，最主要的是加州大學洛杉磯分校的克雷格・法克斯（Craig Fox）與哈佛大學的塔德・羅杰斯（Todd Rogers）兩位心理學界同仁。討論過程中，我們對於無知與假象有些看法，也對於科學上如何加以檢驗有些概念。其中，是誰想出最關鍵的見解呢？我們覺得問題不該這麼問，因爲是全部人的功勞。就算我們能還原開會發言人與內容，仍然無法把結果歸功於個人，這些想法源自於對話，我們全部都有貢獻。

每當有新觀念問世時，通常很難歸因於單一個人，因爲會議中許多人都提供了拼圖的重要一塊或啓發一些靈感。功勞（或咎責）全歸於群體而非任何個人。這個過程涉及許多思考，但所有人的認知機制都緊密相連，因此產生好點子的思考過程，也是屬於群體的腦力激盪。

合作型任務經常發生一種狀況：參與者搞不清楚某想法究竟是誰提出。撰寫本書的過程中，我們兩個好幾次出現諸如以下的對話：

菲利普：我想到一個很棒的點子，我們加入（某某內容）怎麼樣？

史蒂芬：等一下，我三個月前說了一模一樣的話，你當時明明就很排斥啊！

菲利普：（停頓十秒）嗯……那就代表這個點子其實還不賴囉。

爲何會發生這種事呢？因爲個人思考和群體思考密不可分，實在很難畫清兩者之間的界限。我們評估自己對分組報告的貢獻比例時，容易因爲不確定而給出過高的評價，造成所有人的比例加總往往超過一〇〇%！舉例來說，當夫妻要估算自己所負責的家事比例，答案平均都超過五〇%。這般高估個人貢獻的傾向，可能會埋下衝突的種子，而其他群體成員的努力遭到輕視時，更容易如此。我們在群體中互相依賴的幅度很大，因此正視彼此貢獻難以分得清楚，才是明智之舉。

除了個人對群體貢獻的界限模糊，一般人同樣無法切割彼此擁有的知識。光是知道能從周遭環境汲取知識，就足以讓人覺得自己懂很多了。假設你偶然讀到以下報導：

二〇一四年五月十九日，《地質學》所刊載的一項研究顯示，科學家發現一種新型岩石，研究中也有詳細的說明。該岩石成分類似方解石，但即使缺乏光源，也能熠熠發亮。研究的共同作者瑞登諾、克拉克和修已徹底理解了新岩石的性質，不僅詳述了它奇特的外觀，也勾勒了未來的實驗方向。

讀完這則剪報後，你覺得自己對這個發光石頭的理解有多少？應該不太理解才對，畢竟你不可能聽過這種岩石，因爲完全是我們虛構的，而且剪報中也沒足夠資訊能讓你搞懂。若報導提及的科學家（瑞登諾、克拉克和修）沒在研究中說明新發現，會影響你的自評嗎？假如這些科學家對新岩石缺乏認識，你的理解程度是否會下滑呢？答案應該也是否定的才對。你對於新事物的理解程度跟別人的理解與否，兩者應該沒什麼關係才對吧？

在這個例子中，你可能被直覺給誤導了。我們給一組受試者看上述虛構的剪報，又給另一組受試者看同樣虛構類似的剪報，差別是科學家未能說明岩石發光的機制。我們請每組受試者自評對該發光岩石的理解。當剪報中沒提到科學家對岩石理解透徹，那組受試者也認爲自己不太理解。受試者對於理解的感受，部分取決於他人的理解。光是曉得科學家對新事物已有理解，就足以提升他們自己對該事物的理解。我們事先都明確地提醒受試者，想知道他們個人的理解程度，但似乎一般人無法區別自己與他人的理解。

從某方面來看，這完全合情合理。我的腦袋有必要裝那麼多資訊嗎？若你問我是否知道某個電話號碼，無論是我剛好記得、抄在便條紙上或身旁的人曉得，又有什麼差別呢？我的行動能力並不依賴腦袋裡的資訊，而是取決於需要時可以獲得的資訊。

再看看以下的虛構剪報：

DARPA已將二〇一四年五月針對新岩石的研究列爲軍事機密。該岩石成分類似方解石，但即使缺乏光源，也能熠熠發亮。主持研究的科學家已徹底理解了新岩石的性質，不僅詳述了它奇特的外觀，也勾勒了未來的實驗方向。未來實驗也都會秘密進行，因此非

DARPA內部人員皆無法取得該岩石的相關資訊。

先解惑一下，DARPA是美國軍方研究機構「國防高等研究計畫署」的縮寫。這則剪報中，雖然有人了解發光的岩石，但因爲被政府列爲機密，所以你得不到相關資訊。該知識存在別人的腦袋裡，只是這次完全不在你的掌握中，因此不屬於你周遭知識共同體的一環。結果出爐，閱讀這則剪報的受試者，自評理解的分數極低。即使其他人懂，也提升不了自己的理解程度。

在知識共同體中，隨時取得知識比自己擁有知識更爲重要。研究岩石的科學家，無法記住所有關於地質學和相關領域的知識，但可以追蹤參考書目、網站和其他專家，補足需要的資訊。更爲人熟知的是醫學的例子。近年來，醫學研究有爆炸性的成長，主治醫生不可能知曉病患所有的疾病和症狀。幸好，他們如今可利用電子資料庫，隨時查詢需要的資訊。

具備群體思維的個體

我們從維果斯基和托瑪塞羅的研究已得知，形成知識共同體的關鍵要素之一，就是個人必須具備共同意向性，能跟他人專注於同一件事和目標，還要能建立共識。

另一項要素跟我們儲存資訊的方式有關。共享的知識散布於群體之中，任何人都無法擁有一切。因此，個人的知識和他人的知識必定相連。我具備的知識不可能都是實質內容，必定充斥著許多待塡空格和標記符號。假設我知道埃及有個名叫斯芬克斯的雕像，卻不曉得斯芬克斯究竟是什麼。換句話說，我在思考並推想埃及的事物時，單純相信那裡有個雕像稱作斯芬克斯，卻從來沒親眼見過，可見這股信念是基於別人的知識。我希望有朝一日能親眼見到，因爲很多人都說非常壯觀。因爲認識去埃及觀光過的人，或至少知道有人親眼見過，所以我相信這個景點可以造訪。每當跟其他英文母語人士提起「斯芬克斯」，我的預設就是彼此在說同一件事，儘管他們的認知可能一樣貧乏。因此，我對斯芬克斯的認識，其實只是個待人塡滿的空格；我對埃及的認識也一樣，空格上只寫著斯芬克斯所在地。我腦海中對埃及的認識充滿了這類符號，告訴我到別處尋找細節。

人類厲害之處在於只要達成了共識，即使各自擁有不同片段的資訊，也會逐漸朝向那一片相同的小小天地前進。這就要談談共享知識的第二項特色：群體中不同成員具備的不同知識必須相互契合。我們不大可能時時想法一致，反倒常常意見不合，但我們思考內容至少得有所關連，否則認知勞力分工就會瓦解。若我們在蓋房子，木工和水管工對於浴室的位置與外觀、不同決策如何分工、電器用品的尺寸等，最好要達成共識。即使木工對於管路鋪設一竅不通，浴室都必須保留進水管和汙水管的通道。同理可證，我們必須有井然有序的知識架構，那些打算交給別人填充的知識，才會有適當的歸宿。

「蜂群思維」的優點與危害

劇作家蕭伯納（George Bernard Shaw）所寫的劇本《聖女貞德》，描述十五世紀初一位少女遇見聖人暨大天使顯靈，按照祂們的指示率領法軍對抗英軍。蕭伯納在序言中提出極具說服力的論點：奉聖女貞德所領神諭衝鋒陷陣，其實無異於現今跟隨將領打場充滿高科技精密武器的戰爭。蕭伯納主張，二十世紀的將軍和十五世紀的英雄，背後的動力都是來自信念：

> 中世紀的人相信地球是平的，他們至少把感官經驗當作證據；我們相信地球是圓的，不是因爲僅有一%能提出物理學的解釋，而是因爲現代科學告訴我們眼見不能爲憑，唯有那些神妙、怪奇、非凡、宏觀、微觀、殘酷或驚人的事物才合乎科學。

當然，這番話說得誇張，但身處現代的我們居然靠拾人牙慧過活，極少直接透過感官來了解自身經驗。無論是叫人起床的鬧鐘、供人方便的馬桶、我們打開的手機（無論是上廁所前後）、歡迎我們進廚房的咖啡機、用來給咖啡機加水的水龍頭等，沒有一件東西我們眞正瞭若指掌。但我們會使用這些器具，甚至漸漸產生了依賴感，因爲它們運作得很順暢（故障時生活就會小小失衡）。我們要感謝發明這些東西的專家，他們的專業造就了便利的生活。另外，基於多年來成功使用相關產品的經驗，我們也很信任主導現代科技的大師級人物。只是，一旦這些科技產品故障、網路服務中斷或排水管的糞水外漏，我們才會驚覺自己對生活種種便利多麼無知。

知識的假象肇因於我們活在知識共同體中，因而未能區分自己究竟具備哪些知識，天眞以爲事物的原理都在自己腦袋裡，殊不知許多都是向環境與他人取得。這是認知的一大特色，卻也是一大盲點。我們的知識多半貯存於周遭世界與群體之中。人類的理解往往不是眞的理解，而是曉得所需知識唾手可得。深入的理解通常包括知道何處尋找資訊。唯有眞正博學多聞的專家，才能把相關知識牢記在心。

知識的假象另一面，就是經濟學家所謂「知識的詛咒」。我們熟知一件事時，很難想像會有人不知道。若我們輕哼出一首曲子，有時會很驚訝居然有人沒聽過，心想這不是一聽就知道嗎？而且還時常縈繞在我們心裡。若我們曉得某項常識（譬如《眞善美》是由誰主演），很容易假定別人也知道答案。知識的詛咒有時是種後見之明。假如自己的球隊奪下大賽冠軍或支持的候選人勝選，我們會覺得早就預見到此結果，其他人理應也料到此事。知識的詛咒就是，我們傾向認爲自己腦袋裡的東西，也會在別人的腦袋裡；知識的假象則是，我們容易覺得別人腦袋裡的東西，我們的腦袋裡也會有。兩種情況下，我們都分不清彼此究竟具備哪些知識。

我們的生活仰賴蜂群式思維（hive mind），倚重別人與環境幫自己貯存知識，使得我們腦袋裝的東西多半十分膚淺。多數時候我們都得過且過，因爲別人也不指望我們知道太多，畢竟他們自己所知也很淺薄。幸虧有認知勞力分工，把知識不同面向交由群體成員認領，我們才能勉強度日。

認知勞力分工是過去認知能力演化、現今得以正常運作的基礎。群體內共享知識的能力讓我們能登陸月球、建造車輛、蓋高速公路、製作奶昔、拍攝電影、賴在電視機前看電視等任何事，這就是身爲社會一分子的好處。你要在社會上安全舒適地生活，或在野外單打獨鬥地求生，關鍵差異就是認知勞力分工。

但依靠別人幫我們貯存知識，當然也有缺點。本書大部分的讀者應該都聽過《愛麗絲夢遊仙境》，但現今很少人眞的會去讀作者路易斯．卡洛爾（Lewis Carroll）筆下有關愛麗絲的系列小說。許多人只是經由電影、卡通和電視劇間接認識愛麗絲，不是直接閱讀卡洛爾精采的作品，享受扣人心弦的獨特體驗。若我們不懂微積分，就無法想像時間縮小成瞬間之美，也不會理解這跟正切函數曲線的關連。我們也看不見牛頓當初所見，不理解此人爲何地位崇高，政府還將他厚葬於西敏寺教堂。這正是活在知識共同體裡要付出的代價：我們只能經由他人所知與經驗認識事物，因而錯失了眞正的美好。

另外還有更危險的後果。由於我們搞混自己與別人擁有的知識，因此多半對自己的無知渾然不覺，誤以爲自己懂的東西很多。接下來，本書也會探討許多迫切的社會問題都源於這層假象。

第七章
藉助科技來思考

無論你喜歡與否，網路已成爲我們生活中的要角，是我們主要的消息來源，也是知識共同體的重要基石。網路提供了無窮無盡的資訊，毋需面對麻煩的人際互動，我們就能輕鬆取得資訊。這件隨著許多好處。我們可以秒答任何常識相關的問題、避開人擠人的百貨公司並且改用網購，預先查詢app來避開車潮，舒服地待在家裡看電影等，人類社會的生活變得更加便利。

科技正大幅改變我們的生活，而且改變的速度驚人。再過不久，大批的工作可能就會外包，像是交給演算法負責長途駕駛卡車，或由機器人製作出超美味的漢堡。電子商務已然普及，徹底轉換了經濟模式，並顛覆了出版、音樂和電影產業。許多我們原本在辦公室處理的工作，現在可以不出家門完成，結果就是同事之間的互動減少，通勤時間也略爲下降。此外，我們還可以立即取得不計其數的書籍、圖片、電影和雜誌，以及無限的音樂和資訊來源可供選擇。

這些改變同時也令人擔憂：我們是否逐漸忽略了眞正重要的事？新科技也許帶來了高畫質電視和讓人身歷其境的音響，卻也導致了社交互動的減少。許多族群甚至不再出門聽演唱會，觀看電影的人次也創下一九九五年以來的新低。另外，雖然通勤時間減少代表舟車勞頓的壓力也跟著減輕，可是如果都沒人進辦公室，也就很難建立職場的人際關係。

有個關於人際關係的老掉牙笑話，如今也可適用於智慧型手機，雖然活著不必靠它，少了它卻讓人不再想活。每當我們伸手到口袋（大概不下一千次）檢查有無新進電郵或滑滑臉書動態，內心某個角落其實嚮往著遙遠的彼方，（至少幾天）暫時脫離來自四面八方的海量資訊。

科技革命在某些方面改善了我們的生活，卻也帶來了擔憂、絕望甚至懼怕等後遺症。科技的變革產生了各式各樣的影響，有些可能不是我們原先所樂見。

部分創業家和科學家對科技的前景甚至更加悲觀。伊隆・馬斯克、史蒂芬・霍金和比爾・蓋茲等人都曾告誡世人，現今科技的發展日新月異，有朝一日可能會追求自己的目標，而不以人類的福祉爲優先。不少學者紛紛表明他們憂心的原因：一九九三年，作家韋那・文吉（Vernor Vinge）寫了篇論文爲「即將來臨的科技奇點」；二〇〇五年，未來學家雷伊・柯茲維爾（Ray Kurzweil）出版了《奇點已近：當人類超越生物》一書；最近則有在牛津大學任教的瑞典哲學家尼克・伯斯特隆姆（Nick Bostrom）提出警告，認爲科技進步速度太快，發展出超智慧體已是指日可待。

所謂的超智慧體，就是指一台機器或多台機器的心智能力大幅超越人類。但令人憂心的是，成功創造出來的人工智慧，可能會不斷地自我進化。ＡＩ機器人會比人類更快設計出更聰明的ＡＩ機器人。一旦如此，這批更聰明機器人就有更厲害的能力，設計出更加強大的機器人，然後這樣無限迴圈下去……最後的結果不難想見。這些未來學家預測ＡＩ發展速度的突飛猛進，就好比工業革命後經濟生產力爆增一樣，ＡＩ系統變聰明的速度大幅增加，不久後就會出現超智慧體，思考與執行能力都遠遠把人類甩在後頭。根據末日預言家的說法，一旦出現超智慧體，什麼都有可能發生。超智慧體會比人類更能達成目標，假使兩者目標出現衝突，人類只能自求多福了。

科技是思考的延伸

人類對新科技的掌握，跟自己的演化歷程息息相關。紐約市美國自然歷史博物館榮譽退休館長伊恩．泰特薩（Ian Tattersall）就說過，隨著文明不斷發展，「認知能力和科技相輔相成」。綜觀人類的演化史，基因演化和技術變革會同時進行。隨著人科動物的腦容量一代代成長，使用的工具也愈發複雜和常見。人類的祖先開始會利用邊緣尖銳的石頭，他們的後代則逐漸學會用火、石斧、刀子，然後是更複雜的魚叉和矛，再來是懂得使用網子、鉤子、陷阱、圈套、弓箭，最後才懂得務農維生。每個階段的技術都伴隨著文化、行爲和基因等種種變化，進而促成了現代人類出現。無論在哪個階段，工具、文化、認知和基因都會一起改變，彼此重新取得平衡，讓我們祖先能依喜好去改變環境。灌溉渠道等新技術造就了人類文明，文明則帶來各式各樣的古代器具；到了二十世紀中葉，資訊科技才會有飛速的成長。無論如何，社會和科技向來都是彼此改頭換面的動力。

人類天生就能適應技術上的改變。我們的身體和大腦懂得將新工具納入日常活動，彷彿這些工具是身體的一部分，譬如很快就學會用滑鼠或觸控板來移動螢幕上的游標，就跟移動自己的手指一樣自在。當你用原子筆或鉛筆寫字（假如你還有這習慣），你感受到的是紙張的表面，而不是手指本身的感覺，即承受多少筆的壓力。這就是爲何外科醫師能用機器人進行微創手術。同理可證，我們掃地時能很快適應掃把的長度，幾乎可以立刻用掃把清理沙發後面，彷彿掃把是手臂的延伸。壽司師傅經過多年訓練磨練自身技藝：大師級的師傅在切食材時，刀法都神乎其技，宛如刀手合一。

在上述例子中，大腦都把使用的器具視爲身體的一部分，因此使用科技並無任何不自然之處，反而是人類的一大特色。

過去幾年來產生的變化是，科技不再限於使用者控制的工具，也許能說明爲何許多人感到不安。從各方面來看，科技進步的速度都超越人類，甚至先進到像有自己的生命。我們以前總認爲，只要在相同情況下給予指令，電腦就會做同一件事，畢竟電腦只是機器而已。如今不是這麼回事了，我們無法一直掌握電腦的反應，彷彿在面對有自主意識的生命體，即使是相同環境下給予的相同指令，都可能導致差異很大的行爲。

機器之所以變得難以預測，可以從兩個方面說明。首先是機器的複雜度，系統複雜到我們難以窺知它們的狀態。你以爲自己把手機關了，其實只是螢幕變暗而已，所以雖然把手機放到口袋，只要內襯擠壓到螢幕，說不定就會撥號給前女友。

另一項原因是，環境因素可能對機器運作有出乎預料的影響。網路跟生物一樣會不斷改變，超出我們的預測或控制。現今，機器可以自動更新作業系統和應用程式。因此，每當你打開自己的電腦，系統可能就跟昨天不一樣了；你每天開著十二個小時的電子信箱或文字處理軟體可能有所改變，這就好像家中正值青春期的孩子，不過出門找自稱對髮型有研究的朋友剪髮，回家後你卻完全認不出來。我們的機器同樣難以預測，因爲其運作取決於網絡流量，而我們往往對此一無所知。三不五時，流量壅塞到害我們網路斷線。我們最愛的機器好比家中兒女初長成，居然變得愈來愈不可靠，讓人無法確定其動向。

網路變得彷彿具有人性，徵兆之一就是能引誘我們上當。我們以爲點了某個網路連結，就能開啓搞笑影片的網頁，卻跳出一個警告頁面，叫我們找某家公司清理硬碟，否則電腦檔案就會報銷。不然就是當我們造訪某個網站，不小心下載了惡意軟體。當然，這些並非科技本身所爲，而是有心人士在背後搞鬼，但正是因爲科技夠複雜，他們的伎倆才會得逞。

從樂觀的角度來看，科技愈來愈像具有生命的實體，有時會解決自己的問題，可以內建自癒功能。你不小心切傷自己時，會貼上OK繃等傷口癒合，現今軟體程式的錯誤有時會自己消失，此時自動更新就十分有用。或許，下一代的軟硬體會截然不同，屆時以前解決不了的問題，很可能也不復存在了。這正是無知的好處。我們不曉得會發生什麼事，但運氣好的話就能從中獲益，即使自己沒有貢獻，甚至渾然不覺，我們都仰賴著知識共同體的進步。

這些發展所導致的一項結果，就是我們愈來愈把科技當人看待，猶如參與知識共同體的成員。網路就是絕佳的例子。知識不僅貯存於別人身上，同時也貯存於網路之中。我們從前文也曉得，別人腦袋裡的知識容易讓我們高估自己的理解。由於我們活在共享知識的群體中，每個人都可能無法畫清彼此知識的界限，進而導致了說明深度的假象：我自以爲對事物很熟悉，實則不然，因爲我評估自身的理解時，納入了別人的知識。

兩組獨立研究團隊發現，我們在上網搜尋時，也會碰上「模糊的邊界」。德州大學心理學家艾卓安．渥德（Adrian Ward）發現，網路搜尋能提升人們的「認知自尊」，即對於自身記性和處理資訊能力的感受。另外，受試者搜尋自己原先不知道的資訊後，研究人員問他們在哪裡找到，他們卻經常記不起來，還回答自己一直都知道。許多人甚至完全忘了有上網搜尋，硬生生搶走了Google的功勞。

另一項研究是由當時耶魯大學博士生麥特·費雪（Matt Fisher）與法蘭克·基爾（提出「說明深度的假象」學者之一）所進行的，受試者要回答一連串跟因果相關的常識問題，像是「拉鏈的原理爲何？」受試者共分成兩組，一組要上網搜尋相關資料，佐證他們的說明；另一組則不可利用參考資料回答問題。再來，受試者會看到其他問題，主題跟原本的毫不相干，他們要評估自己能否回答得好。舉例來說，他們可能會看到「爲何八、九月的大西洋颶風比較多？」此與前面的拉鏈原理無關，接著要自評理解程度。研究發現，先前上網找資料的受試者，自評分數都比較高。受試者在上網找某些題目的答案後，更容易出現自己能回答所有問題的假象，其中包括他們根本沒查過資料的問題。

分不清自身知識與網路資訊，其實有著意想不到的道理。若我們把人機系統視爲單一實體，共同執行某項任務，那表現優劣的責任歸屬就不單是人類或機器，而是兩者都有責任。假如我安排旅行時參考多個網站，分別用來查詢資訊、找尋推薦行程、預訂機票住宿等，最後計畫完成是誰的功勞呢？所有步驟都有貢獻。若我起初沒有上網，一切就只是空談，但我查詢的每個網站很可能都產生了影響，因此結果是所有人共享。

若你最近工作時曾用到網路，就會覺得很難把個人工作執行力單獨評估，因為跟網路的幫助實在密不可分。所有跡象都顯示，團隊、個人與電腦得共同作業，而團隊合作比單打獨鬥有效率，因此相較於沒網路的人，你執行任務的能力更強。思考不只在腦袋裡進行，還包括追求目標所需的外在助力，因此幾乎不可能評估個人貢獻。這就好像自己的團隊贏得比賽，無論扮演的角色大小，最後都是整個團隊的功勞。

不過，這樣也會導致令人憂心的後果。網路的知識無遠弗屆又容易取得，未來社會可能只要有智慧型手機和無線網路，大家都能自稱是多個領域的專家。我們兩位作者跟艾卓安·渥德合作進行了一項研究：我們在線上論壇 Reddit 詢問許多醫師和護理師，遇到求診前先到WebMD等醫療網站自我診斷的病患，通常會發生什麼情形。這些醫療專業人員表示，這類病患知道的資訊跟沒查網路的病患差不多。然而，他們卻容易對自己的醫療知識很有信心，進而造成不相信專業人員的診斷，或寧願尋求另類療法。在另一項研究中，我們要受試者上網搜尋財經問題的答案，像是「何謂股份？」然後，我們讓受試者玩一個不相關的投資遊戲（剛才搜尋的內容對遊戲的表現並沒幫助），同時讓他們針對自己的表現下注。結果，事先上網的受試者所下注的金額，遠遠高於沒上網的受試者，但在遊戲中的表現沒比較好，最後贏得的錢反而比較少。

問題在於，花個幾分鐘（就算幾小時好了）仔細瀏覽WebMD網站，不可能取代多年訓練培育出來的專業，以及據此做出的合格醫療診斷。同樣地，花幾分鐘到財經網站查詢資訊，也不足以了解投資的各種細節。不過，當全世界的知識都唾手可得，我們就會有腦袋裝了一堆知識的錯覺。

科技（暫時）缺乏共同意向性

本書撰寫當下，日常生活中最先進的AI當屬GPS（全球定位系統）製圖軟體。一九九〇年代與二〇〇〇年初期，GPS裝置愈來愈普及；二〇〇七年以後問世的智慧型手機，多半內建這項功能，更讓GPS無所不在。每當你在開車時，這些威力強大的系統會計算出最佳路線、視覺化呈現結果，再根據當前路況、你是否忘記轉彎，適時更新建議的路線，有些還附有語音功能。GPS系統的功能強大得驚人，徹底改變了多數人的導航方式，甚至能改善人際關係：情侶不必再爲了是否要停車問路而吵架了。

但別忘了，這些運算能力出色的系統也有侷限：若你開車前往爸媽家卻故意想遲到，GPS就無法建議繞遠路的選項；若你想繞到某座湖邊欣賞美麗的夕陽，GPS也無法建議相關路線；若當天路況很差，GPS無法建議你待在家裡。上述每件事當然不是不可能，但全部都得事先設定。GPS並不具備讀心術，因此無法窺知你的意向，包括你的目標、願望和滿足願望的條件，自然難以設身處地提出建議。它們沒辦法跟你的意向同步、追求共同的目標。

所謂我們與科技之間沒有共識，意指機器和使用者之間只有最簡單的溝通，但對於使用者的認知和行爲則缺乏默契。機器可以問你的目標是A、B或C，再依據答案給予適當回應，卻無法跟你追求共同目標，因此當遇上臨時更改目標，機器便很難主動採取因應措施。你與機器之間有著不成文的契約：機器會儘其所能幫你達成目標，但你必須明確把目標告訴機器。機器不是合作夥伴，只是一種工具。就此而言，具有AI的工具比較像微波爐，而非眞正的人類。科技也許是知識共同體重要的一環，提供各種資訊和實用器具，但並非像人類一樣是共同體內的成員。我們不會跟機器合作，正如不會跟綿羊合作一樣。我們只會利用機器。

共享意向的能力是成爲智慧生物的關鍵。人類的主要能力，諸如語言和觀念形塑，也仰賴共同的意向，因爲兩者都需要合作。我們懷疑，之所以很難讓電腦察覺人類的意向性，是因爲這樣電腦就得配合他人——意識到自己所知與他人所知的差異。此外，電腦還要能反思自身與他人的認知過程。沒人曉得要如何設定，才能讓電腦具備意識能力。假使眞有人辦得到，我們就會了解意識能力的意義，但目前還不可能。

我們正處於科技史上的尷尬時刻。我們的所作所爲幾乎都仰賴智慧型機器，已將其視爲知識共同體的核心。然而，機器仍不具備人類活動的關鍵能力——共同意向性。這對人機合作會產生許多影響。

現今人機系統的關鍵功能是拯救人命，這點也確實做得很好（前提是他們沒有想幹掉我們）。人類也不必假裝自己是單獨操作飛機、火車和工業設備，因爲身邊盡是精密的科技輔助，就連對汽車的掌握都不若以往。現今，每台汽車都搭載了五十個微處理器。有些是藉由衛星電波確保行車的舒適與娛樂，更多是用來幫你控制車子，例如動力方向設定可調整不同速度的施力，防鎖死煞車系統則是避免車子打滑。自動化革命才剛開始而已，全自動化的汽車不再是科幻小說的情節。二〇一五年末，特斯拉汽車公司執行長伊隆．馬斯克表示，全自動化科技將於兩年左右成熟，但可能還得等政府監管機關解決適法問題，無人駕駛的汽車才能開始上路。

至於大型交通工具方面，科技早已改變了遊戲規則。現代飛機要順利升天，就必須藉助自動化系統。最先進的軍事戰鬥機都是線控飛行，因爲這些戰鬥機太不穩定，需要比飛行員快上許多倍的自動化系統來偵測和行動，才有辦法加以控制。我們對於智慧科技的依賴，卻也造成一項悖論。自動化科技不斷進步的結果，就是變得愈來愈可靠又有效率：也因此飛行員也就更加依賴，最後甚至不再專注、開始分心或發呆，全部交給系統自己處理。最極端的例子就是，駕駛大型客機像看電視一樣，成了被動的活動。一切沒事則已，意外發生就爲時已晚。這類意外就反映出人類的價值：我們懂得彈性處理突發事件。機器不會爲了追求共同目標而合作，只是用來當工具罷了。所以當飛行員不再進行監控，自動化系統遇上意外的機率就會上升。

自動化的悖論就是，這類安全系統的效率會導致依賴，依賴卻會損及飛行員的貢獻，反而帶來更大的危險。現代科技已極度精密，以後只會有增無減。自動化安全系統也在進步、結構更爲複雜，內建了更多樣的功能與備用系統，任務也就愈來愈多。一旦系統全面停擺，就會引發大災難。說來諷刺，飛機、火車和工業設備的自動化系統，居然拉低整體的安全性。由於科技並不了解系統的目標——無法跟人類的意向性同步，總是有發生意外的風險。當人類對科技故障猝不及防，那就大難臨頭了。

在此舉個實例。所謂飛機失速，指的是飛機空速不足，無法產生足夠升力，導致飛機無法保持飛行。一旦失速，飛機就會從高空下墜。挽救方法之一，就是讓機鼻朝下、提升引擎馬力，直到空速產生足夠升力，飛機就會停止下墜。「失速回復」是所有機師當初在飛行學校必學的基礎技能。因此，二〇〇九年法航447空難調查人員找回黑盒子後非常驚訝。當年，這架空中巴士A330型客機遇難墜海，機上二百二十八人全數罹難。意外當時客機已處於失速狀態，正從空中墜落。不知何故，副機師竟然試圖把機鼻朝上。這究竟是怎麼回事呢？在二〇一三年，美國聯邦航空總署委託的調查報告在結論中提到，正副機師太過仰賴自動化系統，缺乏基本的手動操控能力，因此無法在意外發生時適當處置。在這項案例中，兩位機師也許都不覺得飛機有可能失速，也未能正確解讀設備發出的警示。這就是自動化悖論最好的例子：該飛機的自動系統功能太強大，導致發生故障的當下，機師完全亂了方寸。

現今GPS裝置無所不在，你也許早已親身體驗過自動化悖論。有些人非常依賴GPS，系統要他們往東，他們就不敢往西，很容易忘記GPS其實不曉得人類想做什麼。許多悲劇的發生，就是因爲駕駛忙著執行GPS的指令，最後車就開進湖裡或從懸崖墜落。

一九九五年，郵輪「陛下號」在麻州外海的南塔克特小島附近航行。在狂風猛吹之下，該郵輪連接GPS與天線的纜線鬆脫了。不妙的是，船員卻渾然不知。GPS的確傳來連線錯誤的警訊，顯示器發出微小的嗚叫聲，但這不足以吸引船員的注意。在缺乏衛星資料的情況下，GPS系統很快就採取預設的步驟：切換到航位推算（dead reckoning）模式（根據船速、時間和方向，推算當前航位），同時也停止鳴叫。船員沒注意到顯示器上冒出兩個縮寫，分別是代表航位推算模式的「DR」與失去訊號輸入的「SOL」（即解決方案「solution」的縮寫，這其實容易讓人混淆，其實原意是「精確航位運算失敗」）。航位推算模式僅能進行合理預測，無法依照風力和潮汐加以調整。因此，該郵輪的自動導航系統按照合理推算在運作，但誤差值卻愈來愈大。船員雖然監控著雷達圖，但圖上顯示的是GPS粗估的航線資訊，已無法反映其確切位置。航員也忘了把GPS對照另一項可用資訊，即能將岸邊發送電波做三角定位的導航系統。當天還有個倒霉的巧合，讓陛下號的命運就此註定：原本用來畫定南塔克特附近危險水域的浮標，正好跟郵輪GPS系統「推測」的波士頓港航道浮標位置接近。雷達雖然偵測到異常，但船員繼續以爲航行順利，直到察覺海水顏色改變，代表郵輪進入淺水水域，才發現不太對勁，但當下爲時已晚。這艘重達三萬兩千噸的郵輪，就在距南塔克特島十英里處擱淺了。

幸好，這件事不是以悲劇收場。擱淺二十四小時後，陛下號被五艘拖船所救。多虧了底部的雙層結構，陛下號依然還能運轉，最後仍將乘客載到波士頓，而事後花了兩百萬美元維修，它才再度回到海上航行。

這場差點釀成悲劇的意外，可以帶給我們什麼啓示呢？機器的使命就是完成指派的工作，所有備用系統都按設計運作。遇到突發狀況時，機器確實沒有鉅細靡遺地通知操作人員，但這未免太過強其所難，等於要機器理解人類所需具備的知識，還要理解人類一舉一動背後的目的。前文也已說明，這超出機器能力所及，機器只是工具，不是追求共同目標的合作夥伴。

這艘郵輪上發生的唯一眞正錯誤，就是船員毫不保留地信任GPS。不過，這也情有可原，GPS系統向來是精確的代表。船員都被理解的假象所誤導，以爲自己了解GPS傳來的訊息，卻忽略了顯示器上出現的低調符號（小小的「DR」和「SOL」），因爲他們並非眞懂GPS裝置的原理，不知道這些符號代表航位單憑推測，其實根本大錯特錯，而這些船員也沒有再三確認，只因爲未能察覺自身的無知。多年來成功的航海經驗，讓他們深深感到自信，因此看不到理解的假象。

伴隨自我意識的能力之一，就是省思當前事件的能力。一般人都可以觀察、評估自己的行爲，退一步思考，察覺自己在做的事與周遭環境的變化，甚至能觀察自己的思考模式（牽步思慮與意識的部分）。若你不喜歡眼前所見，就可以發揮影響力、改變現況。當然，影響力也有其侷限。若你從一片冰層上滑下來，手上沒有冰錐，八成就會停不下來。同理可證，若你內心充滿著恐懼或欲望，可能也難以控制自己，但我們至少有能力（前提是處於清醒有意識的狀態）察覺當下發生的事。我們能改變多少行爲，端視對自身行爲的掌控幅度（只要沒有被太大的誘惑吸引，像是面前有一大塊巧克力蛋糕）。相較之下，機器永遠都要遵守程式的指令。程式本身可能也複雜，也能順應環境的改變。到頭來，只要程式設計師漏算一種情況，機器就不曉得如何應對，假使情況眞的發生，機器就會做錯事。因此，重點在人類得扮演好監督的角色，守在機器旁邊以防可怕意外發生。現今我們面臨的最大危機，就是沒人具備理解並操控當代精密科技的一切知識，但科技發展比過去更加突飛猛進。這正是値得我們操心的事。

眞正的超智慧體

由於電腦無法跟人類擁有相同意向性，加上目前也沒證據顯示電腦在朝這方面發展，因此我們不太擔心會有邪惡的超智慧體，藉由犧牲人類來達成自己的目標。的確，我們還沒見到任何超智慧體出現的可能。機器只要缺乏跟人類專注力與目標同步的基本能力，就永遠不可能學會讀心術、超越人類的智慧，畢竟連基本的理解都有困難。

就某方面來說，科技正在促進超智慧體的誕生。網路提供了許多智慧型新工具，像是

ＧＰＳ裝置與搭載語音互動功能的作業系統。但當前數一數二實用的應用程式，更懂得把使用者當成工具。群眾外包（crowdsourcing）程式蒐羅大批群眾的知識與技能，造就了更爲廣大與多元的知識共同體。對於整合不同經驗、地點和領域知識的網站和行動應用程式來說，群眾外包提供了重要的資訊。Yelp 評價網和亞馬遜網站都把服務和產品開放給網友評價；Waze 導航程式則把車主回報的即時路況彙整於地圖中；Reddit 等社群平台則讓使用者提問，鼓勵任何網友回答。

群眾外包只要運用得當，就能藉助知識共同體內的專業知識，廣納群眾參與、追求相同目標。這也意味著專家提供見解的機率增加，而善用專業來達成目標，是再好不過的結果了。Yelp 整合那些自稱懂美食的饕客所提供的知識，Reddit 則找出最會回答各領域問題的專家。因此，只要有足夠誘因吸引一流專家參與社群，群眾外包就能發揮最大的功效。

群眾外包打造了具備智慧的機器，但不是神奇ＡＩ的功勞。這並非來自對邏輯推理的深度理解，也不是靠著強大的運算能力，而是運用整個群體的力量。Waze 整合數千名車主回報的當地車流資訊，提供最適合你的行車路線。這並非傳統認知中單方面地提升智慧，而是更懂得結合群眾的力量。

不過，運用群眾外包的創業家面臨一大難題：如何激勵專家貢獻所長。金錢只是單一誘因，專家也很愛權威的光環，往往更勝金錢的誘因。光看維基百科的高速成長就好，撰寫文章的作者得不到半毛錢。《牛津英文辭典》當初也是一樣，一八五七年，《牛津英文辭典》招募大量志工，閱讀無數文章，從中蒐集各式語料，以明辨字詞定義，時至今日依然如此。許多專家熱愛展現專業知識的機會，尤其是自己的貢獻獲得肯定時尤其如此。我們天生就有合作的本性，願意對知識共同體做出貢獻。

我們每個人都從小小的窗口看世界，象徵著自己擁有的些許知識。群眾外包則是同時透過成千上萬個窗口看世界的方式。不過，群眾外包要發揮價值，得納入專業的意見，否則可能白忙一場，甚至會適得其反。幾年前，芬蘭足球聯隊萬塔PK-35邀請球迷用手機表決，參與招募、訓練甚至比賽策略等決策過程，結果慘不忍睹，球隊表現差不佳，教練也被開除，實驗就戛然而止。群眾外包要有成效不能單靠廣大的群眾參與，還要有相關專業知識。

有時，專不專業一看便知。亞馬遜網站上平均使用者評價，其實可信度不太高，跟眞正專家的評價差去甚遠，潮牌與高價產品的評價又過高。許多消費者因爲缺乏專業知識，難以精確評斷數位相機和廚房電器等產品的品質。

不過，群眾外包仍有其效用。一九〇七年，學者法蘭西斯・高爾頓（Francis Galton）在論文《群眾的智慧》中首次提到此事。他有回參觀英國普利茅斯的農夫市集，看到一場猜肥牛體重的比賽，只要付一小筆費用，任何人都可以參賽，誰下的注最接近，誰就贏得大獎。下注的人包括屠夫和農夫等專家，還有一般民衆。高爾頓說：「平均參賽者推估肥牛總重的能力，八成近似平均選民評估多數政治議題的能力，而選民之間公正判斷的能力很可能也差不多。」高爾頓取得下注的彩券，共計七百八十七張有效。他發現，所有人估算的重量加以平均後，跟肥牛的眞實體重（一千一百九十八噸）很接近，誤差不到一％。在推測重量方面，群衆確實展現些許智慧。高爾頓僅輕描淡寫地表示：「我想此結果顯示，群衆判斷的可信度比預料中來得高。」個人也許受知識的假象所害，不過群衆的專業能校正個人的偏誤。

群衆外包在商界更是萬衆矚目，常被用來說明維基百科等網站的成功。一群經濟學家大肆吹捧其中一類群衆外包：預測市場（prediction market）。在預測市場中，群衆可以針對未來會發生的事下注。群衆對特定結果的下注數量，則用來估算該結果的發生機率。促使群衆下注的誘因，就是預測最準的人能贏得名聲或獎金，其中又以專家特別有興趣，因爲他們比菜鳥更可能猜到結果，市場上的影響力自然較大。許多政府機構與私人公司都利用預測市場來推測國內選情、國際事務和商業環境，成功機率通常高於傳統的預測方法。

群衆外包固然是藉助知識共同體的力量，可是相較於即將問世的方法，其實原始許多。網頁設計師剛開始研發全新應用程式，讓不同社群能積極結合，以解決特定問題。這些程式的用意是簡化合作過程，讓世界各地的學者專家，爲了某些計畫暫時合作。這些應用程式成爲主流前，必須先克服一些難關，像是必須鼓勵專家們參與、針對問題挑選適合的專家、認知勞力有效分工、平均分攤風險與報酬等。這些促進合作的應用程式成功與否，取決於上述問題解決了多少。

這類去中心化的合作活動，已有新興平台表態支持，像是以太坊（Ethereum）、開放價值網絡 Sensorica 和專案協作平台 Colony 等，名稱都頗具未來感。以太坊是因比特幣的成功而起。比特幣是去中心化、不由單一實體管理的網路貨幣，所有交易都記錄於稱作「區塊鏈」的公開帳本中。區塊鏈這項精密技術保管所有交易紀錄，即時更新與儲存比特幣用戶的資料。分散交易帳本至整個網絡，可以有效避免出錯和詐騙。以太坊所運用的區塊鏈方法，藉由專案成員達成去中心化的協議，讓協作成爲可能。這項技術背後的假設是，分散式的資訊較爲安全，避免任何個人擁有太多權限。握有的資訊愈多，掌控權就愈大，這些協作平台旨在打造平等，讓每個人貢獻所長，再依帶來的價值獲得相應回報，目標是讓不同社群以安全又安心的方式，分擔任何專案所需的認知勞力。一旦這些平台普及開來，就會創造前所未見的做生意方式。假如未來商場上往來的標準，是仰賴不斷改變專家組合的團隊，我們就得賦予「公司」全新的定義。這也可能帶來截然不同的經濟。

預測未來

群衆外包的力量與協力平台的潛力反映了一件事：超智慧體並非是一台比人類聰明的未來機器，眞正改變世界的超智慧體存在於知識共同體中。想要讓科技進步一日千里，並不能靠具超級運算能力的機器，而是要確保資訊在不斷擴大的知識共同體之間流動，並簡化互助合作的方式。與其說智慧型科技會取代人類，不如說會拉近人與人的距離。網路上的例子也清楚展現，眞正的超智慧體存在於知識共同體中。

我們現有的人機系統會不斷演化，科技也會高速地複雜並深化，扮演著更加吃重的角色。但別就此把科技視爲與日俱增的威脅，甚至會強大到逼迫人類乖乖聽話。在可預見的未來中，科技仍缺少了人類成功的一大關鍵：同步意向性的能力。因此，科技不會成爲跟人平起平坐的知識共同體夥伴，而依然會是服侍我們的工具。我們將會見證，科技愈來愈重要的功能就是管理群衆外包和協力過程，拓展不同知識共同體的界限。因爲群衆是由人所組成，此處的拓展係指不同人的貢獻。演化的關鍵發展延續著歷史的軌跡，來到了人類與科技互動的時代。

隨著科技愈來愈複雜，也離使用者愈來愈遙遠。假設多數人都不懂馬桶的原理好了，不妨想想我們對生活中常見的其他國家的電子產品和網站，理解有多麼貧乏。未來，我們對於事物的原理只會更加無知。諷刺的是，成功的科技總是很好上手，也往往帶有熟悉感，因此儘管我們愈來愈不懂這些日益複雜的系統，依然會自以爲理解，這種假象只會愈來愈眞實。今天，無論是管理生活或經營公司，時時刻刻都會用到機器和網站。科技愈來愈發達，我們愈來愈無知，只好更仰賴專家確保系統運作順暢。在多數情況下，這倒也不要緊，除非出現問題。倘若科技因爲疏失、戰爭或天然災害而失去作用，理解的假象造成的自滿，到時就會反咬我們一口。我們不僅會一敗塗地，對專家依賴也會一覽無遺。

我們也許不會再是各自領域的專家，反而比較像一顆顆小齒輪，跟自己不大理解、難以掌控的系統合作。這代表我們更要提高警覺，時時意識到自己的無知。幸好，新科技帶來的優點不勝枚舉，包括更加安全、節省人力並提升效能。更棒的是，隨著我們學著如何充分利用知識共同體，可以藉助的專業知能也會愈來愈多。

第八章

想想科學

破壞的行爲通常會引人反感，奇妙的是，某位年輕人的破壞行爲居然讓他成了平民英雄。他是十八世紀末英國萊斯特一間紡織工廠的學徒，當時工業革命方興未艾。某天，主管責罵他工作表現不佳，他憤而拿起鎚子把紡織機敲得稀巴爛（故事是這麼流傳）。這位年輕人名叫奈德．勒德（Ned Ludd），日後便成了反對科技的勒德派分子認定的精神領袖。

勒德分子受不了當時英國工業技術的快速成長，認爲這危及了他們的生計和價值觀。他們最愛用的抗議工具是「以納克鎚」，即由鐵匠以納克．泰勒製作的巨大鐵鎚。他們更經常跟警察發生流血衝突。勒德分子宣稱他們是由神秘領袖勒德國王、勒德王子或勒德將軍所率領。實際上，根本就沒有這號人物存在，他們只是向當初奈德．勒德的反叛行爲致敬罷了。

不滿政治和經濟現況所釀成的抗議運動，往往很快就從民眾記憶中煙消雲散。現今，奈德．勒德砸毀紡織機的細節也少有人知，數個世紀以來，勒德分子已成爲某種文化標竿。這些人之所以會在史上留名，是因爲砸毀最先進科技的行動，象徵了人類思考的深層焦慮。有些人總是對科技抱持著不信任與擔憂，雖然過去百年來科學界的進展神速，現今的反科學思維依然屹立不搖，極端的例子就是自稱爲「新勒德分子」的成員。他們在一九九六年舉辦第二次勒德代表大會，反對「電腦時代愈發詭異又駭人的科技」。其實你很容易在主流社會中找到相應的例子，這些都可能對未來產生重大危害。對科技有合理的懷疑有助社會健全發展，但反科學思維走過頭恐會導致危險。

當今最重要的議題大概就是氣候變遷了，不但引發廣泛的爭論，其中還充斥著許多反科學的論述。二〇一五年，美國參議員詹姆斯．殷霍夫（James Inhofe）為了駁斥氣候變遷的事實，把一顆雪球帶進了參議院，自此聲名大噪。多年來，他都是反科學的主要代表之一。二〇〇三年，他把苗頭對上十七位重量級氣候科學家，揚言要追究這些人的刑事責任，直指他們滿口謊言：「大家像失心瘋一樣，拼了命在灌輸恐懼，還有一大堆偽科學，有沒有可能人為的全球暖化是美國史上最大的騙局呢？聽起來就是個騙局。」殷霍夫的主張早就被推翻了，但他說的話仍持續引起共鳴。他至今已連任四屆奧克拉荷馬州參議員，最近一次是在二〇一四年，囊括了六八％的選票。

現代最為翻天覆地的科技非基因工程莫屬，但這項領域也面臨激烈的反對聲浪。基因工程堪稱現代尖端科學的奇蹟，可以把基因加入到生物的DNA（偶爾也可移除基因）以創造全新品種。有些番茄、黃豆和玉米的品種經過基因工程改良後，對疾病的抗性上升、產量增加、保存期限也延長。

β-胡蘿蔔素是胡蘿蔔和地瓜等食物的天然化學物質（這些食物因而有其特殊的顏色）。

β-胡蘿蔔素被身體分解後會變成維生素A，維生素A是視力等身體功能不可或缺的元素。許多開發中國家的兒童未在飲食中攝取足量β-胡蘿蔔素，因而導致嚴重的醫療問題。根據估計，每年都有五十萬名兒童因爲缺乏維生素A而失明。二〇〇〇年代初期，歐洲科學家利用基因改造研發出新品種稻米，可以自然產生β-胡蘿蔔素。由於β-胡蘿蔔素讓米粒偏黃，他們便稱其爲「黃金米」。許多缺乏維生素A的兒童都以米飯爲主食，因此黃金米可望大幅提升營養。然而，基改作物的反對派卻不這麼認爲。例如在二〇一三年，菲律賓有群抗議人士在黃金米收成前，強行衝入田中毀掉稻穗。諷刺又可悲的是，這些其實都是科學實驗田地，用來檢測黃金米的安全與成效。這般破壞的行爲不僅摧毀了作物，也抹煞了原本可從中獲得的科學心血，更無法評估抗議人士的安全疑慮是否有道理。

另一項議題是疫苗注射，一昧反對同樣會導致不良後果。二〇〇〇年代初期，麻疹在美國幾乎絕跡，降至每年不到一百個病例。但後來疫苗注射率下滑，導致二〇一四年出現超過六百個麻疹病例。科羅拉多州波德是平均學歷高又富裕的城市，本書作者之一的孩子就在此就讀幼兒園，這裡卻有一〇%的父母拒絕讓孩子接種疫苗，無視數十年來紮實的醫學研究。反對疫苗注射的人士通常會用科學語言進行詭辯，引用（已被推翻的）科學研究和統計資料。可是反對疫苗注射的言論，往往充斥著反科學情緒，懷疑醫療專業人員又不願接受科學研究。舉例來說，有個很紅的反疫苗網站列出「向疫苗說不的六大原因」，前言中就提到最重要的原因，即醫生不值得信任：「別聽信醫生說疫苗很安全，醫生不見得就是對的，畢竟醫生也是人。實際上，醫生只是複述美國醫學協會指南中針對疫苗的樣板說明。若你以爲他們的評估是基於良心，請三思。」

大衆對科學的理解

德國出生的基因學家渥特．巴莫（Walter Bodmer）目前任職於英國牛津大學。一九八五年，倫敦皇家學會（世界上最具歷史的科學學會）指名由他率領一支團隊，評估英國當前社會對科技的態度。倫敦皇家學會很擔心英國的反科學風氣，認爲這可能嚴重危害社會福祉。該團隊的評估結果和建議發表於一篇論文中，日後產生深遠的影響人稱「巴莫報告」。

過去研究主要著重於直接檢測受試者的態度，但巴莫及其團隊大力主張一項直觀又簡單的看法：對於科技的反對肇因於缺乏理解，因此藉由提倡大衆去理解科學，社會便可以抱持較爲正面的態度，同時善用科技帶來的益處。「科學態度取決於理解」這項觀點，通常稱作「資訊不足理論」。根據此理論，反科學思維源自於知識的缺乏，一旦補足這個缺口，相關思維就會消失。

巴莫報告的問世讓世界各地的科學家大受激勵，紛紛加緊研究大眾對科學的理解。美國國家科學委員會一馬當先，每兩年都公布「科學與工程指標報告」，摘要當前的研究進度。不過難題在於：要如何檢測大眾對科學的理解呢？科學涉及的面向龐雜，任何測驗都不可能完美無缺。國家科學委員會著重的是，大眾對基本常識問題的表現。

一九七九年以來，美國國家科學委員會就開始調查美國人的科學知識，以下表格列出的是最常見的問題。答案在章末的註釋①，看看你能答對幾題。

問題	答對率（百分比）
❶是非題：地球中心的溫度很高。	84
❷是非題：數百萬年來，各個大陸的板塊都不斷在移動，未來也會持續移動下去。	80
❸究竟是地球繞著太陽轉，或太陽繞著地球轉呢？	73

❹是非題：所有輻射現象都是人為的。	67
❺是非題：電子比原子來得小。	51
❻是非題：集中聲波就能產生雷射。	47
❼是非題：宇宙是大霹靂後所生成。	38
❽是非題：所謂複製生物，就是製造基因相同的個體。	80
❾是非題：父親的基因決定了孩子的生理性別。	61
❿是非題：普通番茄沒有基因，基改番茄才有基因。	47
⓫是非題：抗生素能同時殺死病毒和細菌。	50
⓬是非題：現今的人類是從史前動物的物種演化而來。	47

每個問題之下是二〇一〇年受訪者的答對率。第七題和第十二題具有爭議，因爲有些受訪者得違反自身信仰才能答對。若問題前面加上「根據天文學家」或「根據演化論」，兩個

問題的正確率就上升到七〇％。儘管如此，這些問題的整體表現可能會讓你傻眼。瞎猜也都有一半的答對率。若你忍不住想嘲笑美國人的無知，還請三思。中國、俄羅斯、歐盟國家、印度、日本和南韓等國受訪者表現也好不到哪去，答對率多半還再差一些。

除了問這些知識類的問題，問卷中也經常有關於科學態度的問題。調查結果發現，答對率較高的受訪者，對於科技抱持比較正面的態度。我們在二〇一三年舉行了一項科學素養測驗，請受訪者描述對不同科技的感受，包括基因改造食物、幹細胞療法、疫苗注射、奈米科技、核能和食物照射。答對率較高的受訪者，通常也表示可以接受這些科技，認為其風險不太、有助改善社會。

由此可見，知識和態度好像的確有關，只是這層關係並不緊密。但「資訊不足理論」眞正的問題是，數十年來的科普教育成效不彰，無法達到巴莫報告描述的理想：藉由培養科學素養，提升科學在社會上的正面形象。儘管耗費大量心力來增進大衆對科學的理解，以及砸下數百萬美元進行研究、課程設計、推廣和溝通，我們好像離目標依然很遠。反科學信仰仍舊普遍又難以撼動，教育界似乎也使不上力。

反對疫苗接種就是很好的例子，可說明教育爲何改變不了大衆的態度。美國達特茅斯大學政治學家布蘭登·奈漢（Brendan Nyhan）與同仁針對父母進行一項研究，設法檢測是否在提供醫療資訊後，可以提升他們對ＭＭＲ（麻疹、腮腺炎和德國麻疹）混合疫苗的接受度。父母先閱讀不同形式的特定資訊，再針對疫苗接種和自閉症的關連、接種發生嚴重副作用的可能性、讓孩子施打疫苗的可能性等題目，發表他們的看法。在一項案例中，父母所讀資訊提到許多未施打疫苗的有害後果。在另一項案例中，父母要看一系列圖片，裡頭都是患有麻疹、腮腺炎和德國麻疹的孩子。在第三項案例中，父母要讀一則感人的故事，關於一名飽受麻疹之苦的孩子。最後，部分父母拿到了美國疾病管制中心的衛教資訊，破除疫苗接種跟自閉症相關的迷思。研究結果令人大失所望。以上資訊都無法讓人更願意施打疫苗，有些資訊還造成反效果。看到病童圖片後，父母反而更相信疫苗跟自閉症有關；而讀完那則感人的故事，父母更傾向相信疫苗會導致嚴重副作用。

所以是哪裡出了問題呢？過去幾年來，許多探討大眾科學知識的期刊文章，都試圖找出背後的原因。最近科學界的共識是，出問題的不是方法本身，而是我們的期待。資訊不足理論搞錯重點了，不是光靠理性評估證據，就會有良好的科學態度，因此提供再多資訊也沒用。一般人的態度是取決於眾多脈絡和文化因素，這些才是態度根深柢固的關鍵。

忠於自我知識共同體

耶魯大學法學教授丹・卡翰（Dan Kahan）是提倡這項新觀點的主要學者。卡翰認爲，我們對科學的態度不是基於理性又超然地評估客觀證據，因爲我們的信念並非獨立的片段資訊，可以任我們擷取或揚棄，而是跟其他信念、共同的文化價值觀和身分認同緊緊相連。假使揚棄了其中一項信念，通常意味著棄守許許多多的信念、違抗我們所屬的共同體、背叛我們信任和愛護的親友；簡而言之，這無異在質疑自我的認同。根據這項觀點，無怪乎即使提供一般人資訊，認識基改生物、疫苗、演化或全球暖化，依然難以撼動他們的信仰和態度。文化對於認知的影響力，完全超越了教育層面的努力。

在此舉個例子，可以清楚說明了文化價值觀如何影響個人認知。麥克・麥哈格（Mike McHargue）是播客兼部落客，網上綽號是「科學麥克」。他生長於佛羅里達州塔拉哈西，是基督教基要派信徒，許多教條都跟科學界共識背道而馳。該教派僅從字面詮釋聖經，相信「年輕地球創造論」、反對演化論，相信禱告可以取代醫療。科學麥克從小就對這些東西堅信不移，但三十歲以後讀起科學文獻，原本的信仰開始動搖，像是質疑禱告療癒力的隨機對照實驗、指出宇宙眞正年齡的物理研究、支持演化論的生物學和古生物研究。他起初想要抛棄原本的信仰，但多年來仍對教會隱瞞著自己的新發現。最後，某次個人經驗讓他重新認識基督教，如今是奉行教義的基督徒，但持續反對基要派的反科學信仰。

他主持了播客節目「考考科學麥克」（Ask Science Mike），內容別開生面，結合了科學與宗教。節目主要探討科學主題，像是相對論、大霹靂宇宙說、死後會發生什麼事等，但偶爾會聊起信仰與上帝的本質。在某集討論自慰與大麻（兩個主題都通過科學麥克那一關）的節目中，聽眾打電話進節目中，說自己也開始質疑許多基要派教會的信仰，希望科學麥克能給他一些建議。以下是科學麥克的回應：

> 你跟自己身邊親友意見不一樣時，我有沒有好建議？當然有啊，那就是不要繼續待在那裡……你現在就像是顆不定時炸彈，遲早沒辦法再假裝下去，然後只能不吐不快，到頭來會引發教會內軒然大波、連帶傷害到很多人。你離開的時候到了，應該要尋找跟你信仰相符的教會……到時候，你勢必會跟一些人斷絕關係。有些人就是沒辦法尊重差異，這樣的關係可能會傷害到你……你會覺得很痛苦，因爲像我就跟一些親人斷絕來往了……過去的關係再也回不去了，這是最難受的部分，我必須老實說，眞的很難受。

聽科學麥克聊起科學，不難發現他聰明、有想法又懂得討論，智識上又保持謙虛，常提到自己所知的侷限，以及談論主題的複雜度。但他前半輩子有一堆信仰，科學家聽了絕對會搖頭嘆息。當他開始質疑那些信仰，等於把自己的人生砍掉重練，也徹底改變了跟親友的關係。這就是文化的力量。我們的信仰並不屬於自己，而是跟所屬的群體共享，所以才會這麼難改變。

科學麥克的不凡人生經歷讓人能一窺知識假象的源頭。個人通常所知有限，因此對於新科技和科學發展，很難提出具有見地與深度的觀點，只能選擇跟信任的人抱持相同立場，於是我們與身邊親友的態度會相互強化。一旦我們固執已見，就容易覺得看法有憑有據，誤以爲自己見多識廣，其實不過是拾人牙慧。

前文提到研究就是很好的例子，受訪者先完成科學素養測驗，再回答自己對各項科技的態度。我們也請受訪者評估自己對上述科技的理解。結果顯示，科學素養與知識自評並不相關：無論測驗答對率高低，受訪者的自我評價都差不多。

這般自信似乎不無道理，因爲從來都沒經過檢驗。我們的同溫層所知同樣不多。儘管我們身處在特定知識共同體中，這些共同體有時仍會對科學產生誤解。假如不改變所屬共同體的共識，或只待在相同的共同體裡，再怎麼培養科學素養也只是徒然。

行文至此，這些論點聽起來應該很熟悉了。人類對複雜議題常常見識淺薄、記不太住細節（像常識問題的答案）、不太曉得自己具備多少知識，信念又大幅仰賴熟悉的知識共同體，最後就形成狂熱又難以改變的極端態度。

所以我們應該放棄資訊不足理論嗎？努力推廣科普教育、讓大衆更願意接納科技，眞的只會白忙一場嗎？

因果模型與科學理解

科學素養研究的一大限制，就是僅用事實來評估科學知識。單純基於事實的科學問題，難以窺知眞正左右大衆態度的資訊。事實容易被人拋諸腦後，若缺乏深刻理解更易遭到遺忘，但鮮少有人對科學議題有深刻的理解。正如第一、二章所提，人的心智原本就不擅長記住細節，因此對事物的原理僅略懂皮毛。

我們就以其中一題測驗爲例：「是非題：抗生素能同時殺死病毒和細菌。」當我們用這類問題來評估科學素養，注意力自然會集中於答錯的那一半，並思考如何幫他們像另外一半那樣答對。或假如我們沒那麼好心，可能會想這些人是不是有毛病？媒體通常就不太好心。每年科學與工程指標報告發布時，想必會有一堆報導下著這類標題：「笨得徹底：四分之一的美國人無知到以爲地球繞著太陽轉。」這根本搞錯重點。我們要從另一個角度解讀，應該針對答對的那一半，問問他們是否眞的不一樣。實際上，大多數曉得抗生素只能殺死細菌的受訪者，只是把此事當成單一事實來記，說不太出什麼細節。多少人能詳細說明細菌和病毒的確切差異、抗生素的功用，以及爲何抗生素只對細菌有效呢？答案應該不令人意外。假設一般人能深刻理解十來個科學主題，充其量是不切實際的妄想。正因如此，我們才這麼仰賴各自的知識共同體。

在第三章中，我們知道個人認知系統會去推論因果關係。人類建構、推理出因果模型，藉此思考並解讀周遭的世界，並設法理解世界運作的機制。在第四章中，我們看到個人因果模型既天眞又不準確，傾向依靠自己的直觀經驗。這些模型也會影響我們的態度。

以下舉個例子說明，常見的因果模型何以導致錯誤信念。消費者專家維若妮卡・伊尤克（Veronika Ilyuk）、勞倫・布拉克（Lauren Block）和大衛・法洛（David Faro）的研究顯示，大部分的人認爲，從事耗費心力的工作時，藥物的效果退得較快。舉例來說，吃了顆提神糖果的人認爲，當他在認眞工作時，提神效果維持得較短。其實，多數藥物效果長短跟工作辛苦與否無關，但這項信念符合直覺思考，因爲我們建構的藥物因果模型仿照其他領域，也就是愈勤勞作工，資源消耗愈快。開上坡的汽車比開平路的汽車耗油，騎上坡的腳踏車選手比騎下坡的消耗更多熱量。這項認知偏誤不只是學術問題，錯誤的因果模型可能害人吃下過量藥品。

我們回來討論本章開頭那些反對科技的例子。基改作物是極爲爭議的話題，但根據美國科學促進會，基改作物的科學十分清楚：「藉由現代生物科技的分子技術，改良過的作物其實安全無虞。」歐盟國家面臨的反對基改聲浪更爲強烈。歐盟執委會發布公告表示：「經彙整超過一百三十件研究計畫，總計二十五年以上的研究時程、五百位獨立研究團體，可以得到一項主要結論：生物科技，尤其是基改生物，本身風險並未大於傳統植物育種技術。」不過，爲何一直存在反對聲音呢？

眞相就是，固然反對基改生物的原因很多，但部分確實得歸諸於錯誤的因果模型，誤解了基因工程技術的原理。稍微思考一下，你對基因工程了解多少？若你跟多數人一樣，應該不太了解才對。然而，每當提到基改生物，很多人都會心生恐懼，常見的擔憂之一就是汙染問題。在我們實施的一項研究中，將近四分之一的受訪者同意，「植入食物的基因，可能會轉移至吃下該食物人類的基因碼中。」另外四分之一的受訪者表示不確定，只說大概有可能。答案是不可能，但相信的話確實很嚇人，這說明了為何相信此說法的人，也最為強烈反對基改生物。

即使是不相信基改會改變DNA的人，似乎仍有其他跟汙染相關的擔憂。在另一項研究中，我們詢問受訪者對不同基改產品的態度。受訪者要自評的是，假如有個售價高兩成的傳統非基改產品，他們對基改產品的接受度與購買意願如何。我們還特地區分產品與受訪者的接觸程度。有些產品是用來吃的，像是優格和蔬菜湯；有些則要擦在皮膚上，譬如乳液；有些噴在空氣中，比方說香水；還有幾乎不會接觸受訪者的產品，像是電池和居家絕緣材料。受訪者往往不願意接受基改食品、比較能接受接觸皮膚的產品，對噴霧型產品的尤其如此；至於幾乎不會接觸的產品，他們的態度更是正面。這結果很明顯了，一般人把基改跟細菌聯想在一起。

對於基改生物的態度，還有一項重要的關鍵，就是基改生物和原基因生物的相似之處。就以肆虐佛州柑橘業的黃龍病為例。此病害屬細菌感染，柑橘樹必枯無疑，又具高度傳染力，不但蔓延快速又難以根治。由於擔心佛州柑橘業的未來，柑橘農遂藉助基因工程，防治措施才露出曙光。其中一項方法，就是移植豬隻基因，產生具有抗性的蛋白，但是柑橘農不願接受這項方案，認為消費者絕不會買帶有豬基因的水果。他們深怕消費者以為除了合成特定蛋白外，基改柑橘還會有原生物的特性。換句話說，他們可能擔心柑橘吃起來帶有「豬味」。

柑橘農也許說得沒錯。我們在一項對照實驗中，完整重現了相同的結果。受訪者比較願意接受的基改產品，基因來源得屬於相似種類。在另一項研究中，近半受訪者表示，菠菜基因植入柑橘後，柑橘吃起來會有菠菜味（並不會）。

只要你對基因工程稍有涉獵，就曉得上述擔憂都站不住腳，但確實符合常人直覺。一般人不太曉得基因工程的原理，因此用其他領域的因果模型腦補細節。當然，這些顧慮並非基改反對人士的唯一理由，有人擔心基改對環境的衝擊，有人煩惱尖端科技都掌握在財團手裡，還有人不安卻說不出所以然（像是「這項技術太新了，我們覺得很徬徨」）。不過，錯誤的因果模型是很關鍵的一環。

其他引發反對聲浪的新技術，很可能也是不理解原理，建構出錯誤的因果模型。以食物照射爲例。該技術以高能量輻射來照射食物，藉此殺死病原。數十年來的檢驗已顯示，食物照射安全無虞，可有效降低食物中毒、延長賞味期限。但這項技術一直都難以普及。社會大眾的反對至今仍是鐵板一塊，部分原因是混淆了輻射（radiation）與放射性（radioactivity）。輻射是能量的發散，可見光和微波都屬於輻射；放射性是不穩定原子的衰變，會釋放對生物有害的高能放射線。對於爲何反對食物照射，許多受訪者都說怕輻射會「殘留」，進而汙染食物。其實，這層恐懼缺乏科學基礎。

研究人員鄭燕湄（音譯，Yanmei Zheng）、喬．艾巴（Joe Alba）與麗莎．波頓（Lisa Bolton）想方設法減輕這類憂慮。相對有效的方法之一，就是單純更改技術的名稱，讓人不會聯想到放射性物質。研究人員把名稱換成「冷殺菌法」後，受訪者的接納程度就大爲提升。另一項方法則是運用隱喻來修正因果模型，例如把食物照射比喻成陽光穿透窗戶，由於陽光不會殘留在窗戶上，所以這招同樣可以改善觀感。

疫苗接種引起的反彈，同樣是誤解背後機制所造成。反對接種最常見的理由，是疫苗與自閉症疑似相關。這項迷思早被戳破，但坊間的傳言仍在。反疫苗人士常怪罪於部分常規疫苗中的硫柳汞（即一種含汞的合成物），這項憂慮有幾分道理，畢竟師長都告訴孩童汞的毒性很強，誤食可能造成嚴重傷害。疫苗的汞含量低到不足以傷身，但不少民眾還是覺得毛毛的。

反疫苗人士也常提出一項主張：健康的生活方式可以取代接種。這同樣有幾分道理。部分證據顯示，生活方式可以強化免疫系統，只是影響程度與性質有待釐清。然而，改善生活方式來取代接種疫苗的看法，其實過度簡化了免疫系統的運作。免疫系統除了仰賴籠統的人體防護機制，還得靠許多對付特定疾病的抗體。疫苗給予人體的是對特定疾病的免疫力，目前尚無證據支持良好生活方式有此益處。

彌補資訊不足

個人信念難以改變，因為緊緊相連著價值與身分，又跟群體所共享。此外，我們腦袋裡的因果模型又殘缺不堪、充滿偏誤，錯誤觀念才無法根除。有時，整個社群都搞錯了科技的原理，卻受到個人因果模型支持。所謂知識的假象，便是指我們不常仔細確認自身的理解，進而導致反科學思維。

有任何辦法嗎？

過去幾年來，加州大學柏克萊分校心理學者麥克・蘭尼（Michael Ranney）想方設法要教育大眾，以傳達全球暖化的正確知識，好讓他們接納科學界的共識。他首先發現——本書讀者聽了應該不意外——大眾對全球暖化的認識出奇地淺薄。在一項研究中，他到聖地牙哥各地的公園裡，隨機訪問了約兩百人，想看看他們對氣候變遷機制的理解。僅有約一二％的受訪者部分答對，提到了大氣層中困住熱能的氣體，但沒有一個人能完整又精確地說明暖化機制。

接著，蘭尼提供受試者正確資訊。在一系列的研究中，他給受試者看一篇簡要的四百字介紹，說明全球暖化的機制，結果不但大幅提升他們的理解，也讓他們更加接受氣候變遷是人類所造成。根據這些研究發現，蘭尼架了一個網站，用簡短的影片解釋全球暖化的運作，而且你可以選擇影片長度，詳細版本約五分鐘出頭，精簡版本則有一系列，每支約五十二秒。初期測試顯示，這些影片確實達到了預期的效果。

蘭尼的研究結果令人振奮，但我們並沒天真到相信光憑簡單的方法介入，社會就如渥特·巴莫所夢想的那樣，立即變成愛好科學的烏托邦。話雖如此，現在放棄資訊不足理論也許言之過早。

本章希望讀者思考的是，想有效影響大眾對科學的知識與態度，我們就得了解資訊不足背後的動力。新資訊只要違反既有因果模型，我們很難聽得進去，因而會加以排斥，若資訊不符身邊親友的立場就更容易如此。然而，若不理解科技新知的運作機制，其實會更難以排斥，所以蘭尼針對氣候變遷機制的研究才這麼成功。導正錯誤觀念的第一步就是打開大眾的心胸，接納自己與同溫層對科學的認知可能有誤，畢竟誰都希望自己是對的。

①

❶正確。❷正確。❸地球繞著太陽轉。❹錯誤。❺正確。❻錯誤。❼正確。❽正確。❾正確。❿錯誤。⓫錯誤。⓬正確

第九章

想想政治

近年來，鮮少有議題像二〇一〇年立法的「平價醫療法」（俗稱歐巴馬健保），如此能激起美國人（美國政壇候選人）的情緒。這項法律讓各界爭論不休，也是共和黨用來攻擊歐巴馬政府的主要武器，他們在國會多次發動表決要廢除或修正該法。不過，雖然法案引起正反雙方激烈角力與裝腔作勢，眞正了解法條內容的人少之又少。根據美國凱瑟家庭基金會二〇一三年四月的調查，超過四〇%的美國人甚至不曉得「平價醫療法」屬於正式法律（一二%的受訪者以爲早就被國會廢除了，其實並無此事）。

但是，市井小民對於歐巴馬健保卻非常堅持已見。二〇一二年，最高法院判決維持該法中的重要條文後，皮尤研究中心實施一項民意調查，詢問受訪者同意或反對該判決。不意外的是，調查結果呈兩極化：三六%贊成、四〇%反對、二四%沒有意見。皮尤也詢問判決內容爲何，只有五五%的受訪者答對，一五%以爲最高法院予以駁回，三〇%完全不曉得。換句話說，七六%的受訪者表達了意見，但只有五五%眞的知道自己在同意或反對什麼。

「平價醫療法」只是單一例子，眞正的問題牽涉更廣。一般人明明見識淺薄，公衆輿論卻非常極端。二〇一四年強烈支持政府軍事介入烏克蘭的美國人，居然最不清楚烏克蘭的地理位置。再舉一個例子：奧克拉荷馬州立大學農業經濟系所實施了一項調查，詢問消費者基改食品是否應強制標明，約八〇%的受訪者認爲應該標明。這看起來是支持立法的絕佳理由，畢竟消費者有權知道欲買產品的資訊。但是調查也發現，同樣有八〇%的受訪者認爲，凡是含DNA的食物也該立法強制標明。讀到這裡，你可能覺得一頭霧水。大部分的食物都有DNA，就跟所有生物一樣。根據調查中受訪者的看法，所有肉類、蔬菜和穀物都要標明「小心：內含DNA」，但假如含有DNA的食物都不吃，我們恐怕會活不下去。

若主張標示基改食物的那群人，也主張標示含DNA的食物，我們又應該多認眞看待他們的意見呢？這確實讓他們顯得不太可信。由此可見，多數人偏好的選項不見得基於正確資訊，再度反映了個人抱持的強烈看法，並非來自對議題的深刻理解，反而往往對議題一竅不通，正如哲學大師暨政治行動家伯特蘭．羅素（Bertrand Russel）所言：「激情言論往往缺乏紮實基礎。」美國導演克林．伊斯威特更直言：「極端主義很簡單，光有立場就可以了，不太需要動什麼腦。」

爲何許多人對於不懂的事，可以感到如此激憤呢？以下是蘇格拉底假借回覆某位「政治專家」所給的答案：

我向他道別後，內心揣想：「我其實比這人來得更有智慧。我們倆所知八成都僅是雞毛蒜皮之事，但他往往認爲自己懂得很多，實則不然，而我清楚自己不懂就是不懂。因此，我的智慧看起來至少勝過他，就是在於這點小差異：我不會不懂硬要裝懂。」

——柏拉圖《申辯篇》；克里斯多福．洛伊（Christopher Rowe）英譯

蘇格拉底抱怨，這傢伙連自己懂什麼都不曉得，他就跟許多人一樣，比自己想像得更加無知。

一般來說，我們毫不清楚自己的無知，常憑一丁點知識就自以爲很行，說起話來頭頭是道。而聽眾往往也是外行人，所以相較之下，我們就成了專家，再度提升自身的專業假象。

這正是知識共同體潛藏的危險：我們與聽衆會彼此影響。若群體內成員所知甚少，但擁有相同立場，就容易強化彼此理解的錯覺，讓每個成員以爲觀點有理、目標明確，不在意是否缺乏眞正的專業背書。每個人都從群體中取暖，因此意見建立在假象之上。群體內成員彼此給予觀點上的支持，群體本身卻缺乏專業上的支持。

社會心理學家厄文．詹尼斯（Irving Janis）把這個現象稱作群體思維。常見的一項觀察是，想法相同的衆人討論一項議題時，最後會變得更爲偏激。換句話說，不管他們討論前的觀點爲何，討論後的支持態度只會更加偏激，這也屬於一種從衆心理。我們抵達了跟朋友聚餐的地點時，原本只是略微煩惱著想著健保、治安、槍枝管制、移民或人行道上狗的排洩物等問題；在聚餐聊天的過程中，所有人都有深有同感；聚餐結束後，每個人都被挑起了共同情感，覺得自己有權要求行動。這樣的現象在今天格外值得關注，因爲網路讓人很容易就找到志同道合的夥伴，藉此肯定我們原有的信念，同時又提供了一個平台，讓我們抱怨不同世界觀的傢伙有多愚蠢又邪惡，反正他們本來就不想跟我們有交集。

更嚴重的問題是，我們常未意識到自己身處滿是鏡子的屋中，如此跟外界絕緣讓我們更加無知。我們無法欣賞反對人士的觀點，即使難得聽到他們的看法，也因爲他們不理解我們的觀點，在我們眼中便顯得十分無知。他們一昧將我們的立場扁平化，不明白其中的深度與細膩。我們在內心吶喊著「他們就是不懂」：他們就是不懂我們有多關心、態度有多開放、理念有多好，否則一定會理解我們的觀點。可是，眞正無解的是：反方不懂問題的全貌與複雜，我們往往也一樣。

不去正視自己的無知，再加上同溫層的支持，一旦走向極端的路線，恐會引爆危險的社會風氣。你不必對歷史有透徹的了解也知道，假使國家由單一意識形態掛帥，以政治宣傳和恫嚇手段，壓抑獨立思考和反對黨派，社會就會變得動盪不安。蘇格拉底之所以遭處死，是因爲古雅典人想消除「腐蝕人心的思想」；耶穌也因類似情況而死在羅馬人手上。同樣地，這也是爲何最初的聖戰是要把異教徒趕出耶路撒冷；一四九二年至一五〇一年，西班牙宗教審判逼迫猶太教徒與穆斯林皈依基督教；二十世紀則充斥著純粹意識形態導致的禍害，像是蘇聯史達林的政治肅清、處決與屠殺，還有中國毛澤東發起的文化大革命，逼迫數百萬人加入農村人民公社和工業生產小組，結果導致許多人活活餓死；至於德國納粹政府的違法監禁與死亡集中營，自然更不用說了。

上述歷史事件的成因都牽扯眾多面向、錯綜複雜。對於二十世紀前半葉世界各地的惡行，我們兩位作者無意假裝自己多有見地，不過我們注意到當時這些領袖都有意識地用一套說詞，合理化自己暴虐的行徑——必須保持意識形態的純潔，才能讓唯一眞理帶領社會邁向未來。基於後見之明，我們大可以說這些鼓吹恪遵正統思想的領袖，沒有一個是對的，他們與廣大的追隨者都受理解的假象所矇蔽，造成的後果令人咋舌。

粉碎假象

說明深度的假象讓人即使缺乏證據，依然能偏執地死守自身立場。爲了證明這點，我們運用第一章介紹過的流程進行一項實驗。認知科學家里昂·羅森布里特與法蘭克·基爾採取了巧妙的方法，充分展現了說明深度的假象。不過這一次，我們不以日常物品爲題目，而是融入不同的政治議題，請參與者針對當年（二〇一二年）各種容易引發口水戰的政策，表示支持或反對的立場。

◆是否應該實施單一稅率？
◆是否應該實施碳排放量管制與交易計畫？
◆是否應該單方面制裁伊朗？
◆是否應該提升領取社會安全退休金的年齡？
◆是否應該實施單一保險人醫療制度？
◆是否應該實施教師績效給薪制度？

如同標準流程一樣，我們先請受訪者自評對某議題的理解，最低是一分、最高是七分。再來，受訪者要說明該項政策會帶來的所有影響。舉例來說，碳排放量管制與交易計畫的書面指示爲：「針對碳排放量管制與交易制度，請按步驟依序描述所有你知道的細節，包括每個步驟的因果關係。」最後，受訪者要再次自評對該議題的理解。

正如大部分類似實驗的結果，受訪者往往說不出個所以然。除了少數特例之外，他們對於政策的推行幾乎沒什麼概念，無法清楚表達背後的運作機制。一如所料，有鑑於自己啞口無言，第二次自評分數自然比第一次低。這也顯示了說明深度的假象——當他們試著要加以解釋時，才發現自己其實並不太懂。我們由此可以推論，一般人不僅會高估自己對馬桶和開罐器等日常事物的理解，也會高估自己對嚴肅政治議題的理解。

從這項實驗中，我們眞正想知道的並非受訪者是否飽受假象困擾（或樂在其中），而是要看看他們在嘗試說明的過程中，對於議題的極端態度是否有所軟化。我們已曉得只要請受訪者說明道理，就會讓他們發覺自己比想像來得無知。那是否會據此調整自己的態度和立場呢？換句話說，這項挫折是否會讓他們更加謙卑、降低他們覺得自己立場必定正確的自信？

爲此，我們請受訪者不僅要自評對議題的理解，還要自評自己的立場，量尺也是一分到七分，一分代表強烈支持、七分代表強烈反對。自評同樣有兩次，分別安排在他們說明該政策影響的前後。再來，我們會看看他們立場的極端程度，距離中間值（即代表沒意見的四分）差多少，並把所有的一分（強烈支持）和七分（強烈反對）兩個最極端的分數加總。我們發現，試圖說明政策的影響，不只會降低受訪者對自我理解的評分，也會軟化他們的極端立場。綜合來看，受訪者分數平均下來變得較不極端，代表在說明的練習過後，整體的態度也較不兩極化，進而拉近了兩邊的立場。

從某個角度來看，這些結果並不符合預期。一項可能的詮釋是，藉由思考特定議題，我們會察覺自己所知甚少，抱持的態度就會趨於緩和。但是先前那些要受訪者思考自身立場的研究，卻顯示受訪者因而變得更加極端；推測其中原因，應該無異於為何在群體討論自己看法時，最後只會鞏固極端的立場。一般人思考特定政治議題時，會想到支持自己信念的原因，再提出捍衛既有立場的論點，不會去探討政策好壞背後的因果關係。

兩者是迥異的思維模式。一般人在思考或討論政策時，重點不會放在解釋因果脈絡，而是論述既有觀點的理由、引述看法相同的人士、說明政策反映的個人價值，以及前兩天從新聞獲得的資訊。我們的實驗任務困難又少見，受訪者要說明政策的來龍去脈，因此需要掌握政策的細節，詳述該政策如何影響複雜的社會。

因果的說明固然難度很高，但除了提供學習的機會，其實還有一大優點：說明的人被迫要脫離自身信仰體系。想像一下，假使有項新法令明天上路，規定你所居住的區域每人每天用水量不得超過十加侖（約合三十八公升）。短期內會有什麼影響？長期的影響呢？該區房價會受到什麼衝擊？衛生標準是否會改變？這些問題都不好回答，值得一提的是，解答這些問題的不二法門就是要先想像截然不同的情境，在那個情境中平均用水量大幅減少，進而推論該情境的可能樣貌。你必須思考自己的需求（該先洗澡、洗衣或洗碗盤），但光想自己不足以回答問題，你也得思考他人的反應，以及生活上要有何改變。

一項政策對於社會各層面的深遠，不可能只考量個人的感受，還必須想想政策本身、施行方式、施行單位、社會迴響等。這樣推己及人的思考過程，也許正是避免偏激政治言論的關鍵。若能讓人的思維超脫自身利益與經驗，說不定就能化解傲慢、減少極端言論。可能唯有藉由因果脈絡的解釋，才能粉碎說明深度的假象、改變社會大眾的態度。

爲此我們進行了另一項實驗。這次受訪者的任務幾乎跟前項實驗相同，唯一差別就是不必說明任何因果關係，而是要提出個人立場的理由。受訪者要確實說出自己對某項政策看法的原因何在，因此他們不必超脫自身利益去思考政策本身，只要從自己的觀點具體考量政策即可。再來，跟前項實驗一樣，我們請受訪者在提出理由的先前，都要自評理解程度。

研究發現，提供個人理由和進行因果說明，兩者得到的結果相差甚遠。只給個人理由的受訪者，自評分數並未下降，既有立場也沒軟化。由此可見，單純說明自己支持的原因，無法動搖理解的假象，也就跟之前一樣偏激。想找理由並不困難。你只要說碳交易有助保護環境，就能捍衛自己對該制度的立場，不必正視自己對制度內容的認知淺薄。相較之下，當你要提出因果說明時，就不得不面對知識不足的事實。

這就顯示，因果脈絡的說明是很特別的過程。一般人只要仔細想想議題本身，立場就很容易鬆動，但要避免落入平時思考政治議題的窠臼。努力替自身立場找理由，只會更加鞏固既定的信念。你眞正該做的是專注於議題本身，想想你究竟支持的是什麼政策、該政策會造成哪些直接的影響、影響又會帶來哪些餘波。你必須比大部分人更深入思考各個環節的運作。

你可能對於受訪者能二度自評的作法不以爲然，畢竟調整後的自評分數，可能只是應付我們的說法，無法反映他們眞實的態度。因此，在另一項實驗中，我們稍微把任務難度調高。我們找了兩組受訪者，一組要仔細說明因果脈絡，另一組只需提出理由。接著我們讓兩組受試者來做決定，但這回不必自評立場，而是拿到一小筆錢，再從以下四個選項中擇一：

- ◆把錢捐給支持自己立場的倡議團體。
- ◆把錢捐給反對自己立場的倡議團體。
- ◆把錢留給自己。
- ◆拒絕拿錢（還給實驗人員）。

結果算在意料之內，幾乎沒人會選第二或第四（既不會捐錢給反對自己立場的團體，也不會把錢還回去）。提出理由的那組所做選擇不大令人意外，起初對議題態度強硬的受試者，比溫和派更傾向捐錢給支持的團體，可是在說明因果關係的那組中，這項差異卻消失了，態度強硬派並沒比溫和派更容易捐錢。這項結果顯示，因果脈絡的說明鬆動了偏激人士的立場，不確定感改變了他們的行為。認清自己理解的侷限後，也不太主動推廣自己的信念。

一般人常對特定議題採取強硬的立場，立論基礎卻薄弱到說不清楚，但是依然有轉圜的空間。我們的研究顯示，只要讓這些人詳細說明因果脈絡，就能戳破這層理解的假象，同時讓他們變得較不偏激。有鑑於極端主義可能導致政治僵局、恐怖攻擊和戰爭等後果，上述作法不失為良好的選項。

價值論與結果論

大眾對政策的觀感是如何形成的呢？我們在前文提到，即使對政策的影響進行詳細分析，可能都沒有同溫層的看法來得重要。我們也不能忽略輿論的另一個關鍵推手——有些神聖不可侵犯的價值，再多的討論都無法撼動。

心理學者強納森．海德特（Jonathan Haidt）主張，道德結論鮮少基於扎實推論，而是源自直覺與感受。他最強而有力的證據，都是基於道德錯愕（moral dumbfounding）的案例。爲了說明這點，他虛構了以下情境（請注意，內容均經過設計，故意要引發讀者的反感）：

> 茱莉和馬克是一對兄妹。兩人趁大學放暑假，結伴到法國旅行。某天晚上，兄妹倆獨自住在濱海小屋，打算發生親密關係，感覺會很好玩，至少對他們來說，都會是新奇的體驗。茱莉本來就在吃避孕藥，但馬克爲了安全起見，依然用了保險套。做愛過程中兩人都很享受，但事後決定僅此一次，把該晚當作兩人的小秘密。這個秘密也讓兄妹倆的感情更好了。

大部分的人讀完後會有兩個反應：先是覺得一陣噁心，然後是譴責茱莉和馬克，批判他們倆大逆不道。目前爲止，這樣的反應並不令人意外。大部分的社會都視亂倫爲禁忌。眞實情況是，許多人光是有反感，卻無法給出正當的理由，多半都是支支吾吾，然後說亂倫就是不對，或這種行爲不見容於社會，都只是重述同樣的道德觀感，一直說「這是不對的」，卻沒有多加解釋。海德特這個情境虛構得十分巧妙，排除了兩兄妹偷嘗禁果後的負面結果，防堵了大多數讓人義憤塡膺的理由。你可能會認爲，兩兄妹不應該做愛，因爲手足亂倫產下的嬰兒容易有先天缺陷，但這項理由並不成立，因爲茱莉和馬克雙方都採取了避孕措施。你也不能主張，這件事會讓兄妹的關係生變，因爲他們的感情反而更好。你更不能宣稱這會影響兄妹跟其他人的關係，因爲這個秘密沒有其他人曉得。然而，多數人抱持強烈的負面感受、堅持亂倫就是不對，哪需要什麼理由。

由此可見，強烈的道德觀感不需要理由，偏激的政治言論也不需要理由。我們是否理解某項政策的影響，有時根本就無關痛癢。上述的態度不是源自因果分析。我們根本不在乎政策結果的好壞，重點是政策所彰顯的價值。

對於特定政策，你自己也許就是如此。舉例來說，無論你是贊成或反對方便女性墮胎的政策，許多堅決反對與堅持支持的民衆，其實有一項共通點：他們並不在乎墮胎政策的成本、對婦女健康的影響，以及伴隨而來的經濟效應。這些人會說，墮胎政策不應該取決於重視結果的成本效益分析，而應該取決於是非對錯的原則。假如你支持墮胎，可能會主張婦女有基本人權，別人無權決定她們如何使用身體；假如你反對墮胎，可能會覺得沒人有權結束無辜胚胎的生命，墮胎無異於殺人，而殺人就是不對。無論如何，你的態度不是基於政策的因果分析，而是基於不可侵犯的價值——這個價值無視結果爲何，主宰了我們的言行舉止。

許多人對於協助自殺的態度，也是源自不容改變的價值，而非基於客觀的結果評估。支持陣營認爲，我們面臨極大痛苦與絕望時，有權請專業人員以人道方式終結自己的生命；反對陣營則主張，不論當事人是否想死或想死理由爲何，只要是奪走生命就是殺人。安樂死相關政策的影響，包括花費與節約的成本、政策實施後衍伸的痛苦與愧疚，對於高舉價值大旗的人來說全部都不重要，他們覺得這是大是大非的議題。

先前，我們主要針對政策的結果進行推論，認爲若粉碎說明深度的假象，就可以減少意見兩極化，因爲大眾屆時會明白自己沒想像中了解，進而避免採取極端的立場。但若大眾的態度不屬結果論，而是源自不容改變的價值，那粉碎了假象也是枉然。

事實也是如此。根據上述兩項易引起爭議的主題，受訪者的觀點都是基於不可撼動的價值。墮胎探討的是婦女是否可在懷孕前三個月內進行人工流產，協助自殺則是關於醫生是否能幫飽受痛苦的病患自殺。我們研究後並沒發現說明深度的假象，也就是受訪者說明因果脈絡的前後，自評的分數一模一樣。我們也發現，受訪者的立場沒有鬆動，即說明前後都抱持偏激的態度。

因此，我們先前提出的論點，也就是因果脈絡的說明是緩解極端言論的良方，其實只適用於特定議題。受訪者對這類議題的看法主要是基於政策結果，而非取決於個人價值。照理來說，這類議題照理來說不勝枚舉，多數看法都要視結果提出看法才對，像是社會是否應支持核能政策、教育政策與醫療政策等議題，對大部分的人來說，應該都是屬於結果論。

但是，這些議題的討論往往受到操弄。提倡特定政治立場的人士，通常會把那些得視結果或者決定好壞的政策，用充滿價值判斷的語言包裝，藉此隱藏他們的無知，避免激進言論的力道緩和下來，並且阻礙任何妥協的可能。美國醫療健保的辯論就是絕佳的例子。多數人希望政府能用最平實的價格，替大眾爭取取得最優質的醫療服務。正反雙方的對話，理應著重於如何達到這項目標，可是這樣一來，對話就會充斥技術細節，無法引起大眾的興趣。因此，政治人物和利益團體就把議題包裝成價值導向，例如其中一個陣營質疑政府是否有權決定醫療，讓支持群眾思考起小政府的重要；另外一個陣營則問是否每個人都應享有基本醫療服務，讓人檢視起寬厚爲懷與避免害人的價值。但是，雙方都搞錯重點了。我們的基本價值其實很類似——自己和他人都能健健康康、醫療專業人士得到應有的報酬，只是沒辦法支付太高的保費。這類辯論不應停在基本價值的層次，因爲對大多數人來說那不是重點，重點是找到最妥善的方法，以達到最佳的結果。

那爲何政治人物和利益團體經常舉著價值的大旗，而不深入了解不同政策實施後的影響呢？最顯而易見的答案是：他們企圖混淆視聽。他們政策傾向的目的是獲得選票或獻金，但這無法靠分析結果來達成，因此當然就能免則免。另一個答案則是，想深入了解政策的結果實屬難事，而且還不是普通的難。最輕鬆的逃避方式就是提出捍衛價值的陳腔濫調，以便掩飾個人的無知。這已是行之有年的政治手段。數千年來，精通遊說藝術之人士所習得的秘密，就是當態度是取決於不可侵犯的價值，結果就一點也不重要了。

學者莫特沙・德哈尼（Morteza Dehghani）與同仁研究了伊朗政府發展核武的心態，正好可以佐證這種煽動伎倆。二十一世紀頭十年，伊朗政府暗中發展核武計畫，引起國際社會普遍反感，可是伊朗領導人卻積極以政治宣傳，把核武議題包裝成捍衛伊朗的神聖價值，宣稱根據數百年來國家歷史與宗教律令，伊朗人民生來就有權追求核武。他們還拿強權侵犯伊朗主權的過去當比喻，努力設法把風向導至國族與自決。德哈尼的研究顯示出令人憂心的結果，這種宣傳策略確實奏效，視核武爲神聖價值的伊朗人民也反對任何要伊朗放棄核武野心的協議，就算提出再好的條件也沒用。幸好，不是所有伊朗人都有此想法。

歐美國家也很常有類似的例子。近年來，美國人對於同性婚姻的態度出現大幅轉變。根據皮尤研究中心的調查，二〇〇四年有六〇％的美國人反對同性婚姻，只有三一％受訪民眾支持。快轉到二〇一五年，五五％的受訪者支持同性婚姻，反對的比例降到只剩三九％。這段期間，同性婚姻的辯論從價值導向（「同性婚姻是不對的」和「每個人都有權結婚」）轉變成視結果討論起婚姻制度的優劣。這般對話主軸的改變不見得會帶來態度的改變，可能是社會態度先有所轉變，讓大眾更願意去談論婚姻的影響，而非光喊著基本價值。眞實情況應該是兩者皆是——對話主軸的改變，讓有些人從不同角度思考，進而改變了原本的看法；隨著改變立場的人數增加，也促成了對話方式的轉變。

我們是用結果或價值來包裝議題，也影響著雙方協商達成妥協的機率。不妨想想以色列和巴勒斯坦的衝突。無論支持哪一方，多數人會承認當前情勢對以巴都沒好處，說不定雙方在另一個世界才能和平共處。不幸的是，以巴紛爭已變得難以解決，彼此缺乏互信且敵對意識高漲，實在看不到衝突化解的曙光，而協商又常因相互指責而破裂，陷入無止盡的迴圈，和平進展極爲緩慢。

原因之一是以巴雙方的積怨都是源自不可侵犯的價值，根本不可能找到妥協之道。紐約新學院大學心理學家傑瑞米・金吉思（Jeremy Ginges）與同仁訪問了許多以色列和巴勒斯坦人，詢問他們對於化解雙方衝突的看法。凡是視衝突爲價值問題的受訪者，聽到任何以物質報酬爲手段的協議，反應都十分激烈，表示難以接受。其實若稍微以結果論來思考，就能大幅改善以巴雙方的關係。但這似乎只是緣木求魚，因爲以巴都認爲自己備受委屈。

價值取向的觀點之所以吸引人，是因爲這樣就可以簡化思考，避免麻煩又瑣碎的因果分析。況且，神聖的價值也可能正確。舉例來說，我們有誰能反駁倫理學的黃金法則（Golden Rule）呢？我們打從心底相信，每個人除非萬不得已，否則應該避免傷害別人。我們也願意肯定其他的神聖價值，像是同意每個人生來都有不可剝奪的生存權、自由權與追求幸福的權利。神聖價值當然有重要的地位，但不應該當成方便的藉口，針對社會政策的影響，仍要進行因果脈絡的分析。

治理與領導

這個討論帶來許多當前政治文化的啓示，其中之一就是確定了政治論述的特徵——膚淺到不行。公民、名嘴和政客經常在認眞分析法案利弊前早就選邊站，電視節目往往佯裝成新聞，其實只是來賓在互相叫囂。情況眞的不必如此，個人難免無知，但傳播媒體是重要的媒介，應該提供正確的資訊、讓思慮周密的專家發聲。我們並不期待電視節目完全中立，任何報導多少都有立場，但大衆有權看到分析，掌握話語權的人士應該思考政策提案的眞正影響，而不只是用一堆口號和話術來搪塞大衆。假如我們看到更多縝密的分析，也許就能影響我們的決策。

身爲本書兩位作者，我們絕對沒在暗示每個人都要扮演各議題的專家，這根本是天方夜譚，畢竟光成爲單一議題的專家就難上加難。我們已曉得，世界複雜得超乎想像，任何人都無法憑一己之力掌握。人類生活在知識共同體中，想發揮知識共同體的效用，就需要適當的認知勞力分工。若希望各項知識能在知識共同體內共享，就要可靠又有見識的專家來把關，每個人不必什麼都得知道。假如衆人要決定如何提供醫療給所有成員，深刻了解有效分配醫療資源的專家就應該帶頭討論；假如衆人要決定是否該鋪路，就應該詢問工程師的看法，並且信任他們的專業。專家無法命令衆人該怎麼做，所有人都必須自己決定，但是專家可以幫衆人了解可能的選項，以及執行每個選項所伴隨的結果。

這是菁英主義嗎？我們藉助專家的力量，難道只是向維護自身利益的知識份子靠攏嗎？求助專家確實會衍生許多問題，畢竟專家對於自己最熟悉的議題，通常會有自己的利益要顧。最熟悉醫療保健的人士通常也在該產業任職，因此在醫療資源的分配上有利可圖。工程師可能會希望多鋪點路，因爲這是他們的專業，愈多條路需要鋪設，工作也就源源不絕。有些攸關個人的利益更難以察覺。學術界人士提供的建議，不見得就是基於客觀超然的分析。衆所皆知的是，許多學者都堅持自己的理論觀點。經濟學教授可能因爲自己發表過支持開放市場的論文，因此就建議政府簽署自由貿易協定；心理學家對於教養的建議，說不定是源自最新的學習理論，但自己並沒有撫養小孩的經驗。至於某些認知科學家，可能就會特地寫本書，宣稱大衆都活在理解的假象中，好減輕內心感受到的無知渺小。

想決定誰有專業，以及專業是否隱藏偏見，實在是不容易，但並非毫無辦法。社會有許多既定機制可以派上用場。專家提出的建議反映了他們的知識與信用，還有學經歷背景可供查核、聲望可供評估。網路資訊雖然不見得準確，但現在發達的網路產業可查到客戶對專家的評價，只要客戶量足夠，加上蒐集並回報評價的網站可信，此不失爲一項好方法。與其期待每個人成爲專家，不如找個可靠的專家來得實際些，也是解決社會問題的唯一方式。

照理來說，決策權應該交到專家手上、政府應該仰賴技術官僚，這項理念卻在美國政壇受到強大勢力阻撓。二十世紀初，美國面臨的一大問題，就是財富與權力受到少數財團和信託機構所把持。許多州議會都得看利益團體的臉色，於是政壇掀起一股運動，想運用直接民主的手段，顛覆企業主在議會中的政治勢力。他們設計了一套表決方式，直接由州選民或市選民投票，完全繞過議會的決策機制，把權力從政客手上奪回來。這些表決方式包括創制、提案和複決，今日仍然是許多州表決制度的一環。

這些民主表決措施開展了新氣象，可是諷刺的卻是有人扯後腿，主要因爲構思與提倡的過程中，有時依然仍遭特殊利益團體所操控。二〇一五年加州一項名爲「禁止雞姦法」的提案就鬧得沸沸揚揚，其中一項條文指出，凡是與同性發生性關係者，一律判處「射擊頭部之死刑」。幸好，該提案經法院審理就被駁回，但這個例子顯示，直接民主跟其他治理方式一樣容易受到操弄。

公民直接投票表決的措施，存在不少有待商榷之處。我們最在意的是，這些方法都忽略了知識的假象。無論每位公民自己怎麼想，鮮少眞的具備充足知識，可以針對複雜社會政策，做出明智的決定，或許賦予每位公民一張選票，可能會掩蓋群衆智慧所仰賴的專業判斷。

是否該「減稅」？乍聽之下似乎減稅很棒，可是不妨想想「加州十三號提案」。這項提案是一九七八年加州人民直接投票通過，用意在限制住宅、商業與農業房地產的稅率，從原本房地產定價的三％調降至一％，同時避免了每年成長二％以上的增值稅。「加州十三號提案」的通過，導致了不同層面的結果。舉例來說，屋主若住在房價飆漲的地段，就不會因稅額爆增而被迫搬家。可是，不是所有結果都如此美好。許多市政府的重要收入來源正是房地產稅，十三號提案限制稅率之後，造成這些城市嚴重的財政負擔。另外，這項提案也在各方面扭曲了房市。首先，屋主變得不敢換屋，因爲在加州許多炙手可熱的房市，賣屋需要重新鑑價、造成稅額提高，反而會減損房屋的價值。再來，此提案導致了首購族與舊屋主之間的極大不平等，前者得支付高額房地產稅，後者的稅賦卻享有上限。

「加州十三號提案」引發的不平等，有違公平正義的原則。一九七八年，一般人很難預見該提案會導致這種後果，但研究房地產稅率變化的專家，理應可以預知才對。改變各市級政府的收入來源，想必會衍生複雜的結果，鮮少人能基於充足資訊並正確提出預測。民意代表的任務就是要設法釐清這類議題，懂得諮詢專家的意見。個別公民沒那麼多時間，也沒興趣加以了解，因此不應該是做最終決定的人。

前英國首相邱吉爾曾說：「只要跟一般選民聊五分鐘，就會明白反對民主的絕佳理由。」這話說得太過頭了，但他提供相關脈絡：「民主是糟糕透頂的政府體制，只是好過其他所有體制。」我們兩位作者當然也相信民主，只是認爲考量到人類種種的無知行徑，代議民主應該優於直接民主。我們選出民意代表，這些人理應有時間與能力尋求專業，做出有利大眾的決策，不過他們通常缺乏時間，因爲光忙著政治募款，但那是另一個議題了。

我們在前述例子中曉得，想化解大眾的偏激意識、提升對知識的謙卑，有項不錯的辦法是請他們說明政策如何運作。可惜的是，這個辦法有其代價，因爲戳破他人的假象後，對方可能會腦羞成怒。我們也發現，若要人說明他自己不太了解的政策，其實無法改善彼此的關係。他們事後多半不再想討論相同話題（確切來說，他們再也不想理我們了）。

我們原本希望受訪者在理解的假象被粉碎後，會變得更加好奇，更願意接納當前議題的新資訊，可是研究結果並非如此。他們發現自己理解有誤後，更不容易主動吸收新資訊。因果脈絡的說明可以有效粉碎假象，但多數人不喜歡面對眞相，套句伏爾泰的名言：「假象是最上等的愉悅。」粉碎了假象可能會讓人想逃避，畢竟大家都自我感覺良好，不喜歡無能的感覺。

優異的領袖得讓人察覺自身的無知，又不能讓人覺得自己很笨，這實在很不容易。方法之一就是指出所有人都很無知，而不是針對你說話的對象。無知與知識多寡有關，愚蠢則是相對的概念。假使所有人都很無知，就代表沒有人是蠢蛋了。

領袖也有責任正視自己的無知、懂得善用他人的知識和技能。英明的領袖會運用知識共同體的資源，起用學有專精的人士當作幕僚。更重要的是，英明的領袖懂得傾聽這些專家的意見。不過，投入大量時間蒐集資訊、諮詢他人意見後才下決定，可能會顯得優柔寡斷、意志薄弱又缺乏遠見，但會認清世界複雜又難懂的領袖，成熟的選民理應要好好珍惜才是。

第十章
重新定義「聰明」

假如你是北美知識共同體的公民，不可能沒聽過馬丁．路德．金恩的事蹟，以下歷史事實都算常識：一九五〇和六〇年代美國興起一波民權運動，金恩博士是主要推手暨演說家，發表了一場關於夢想的演說，十分激勵人心，鼓舞了數百萬人，卻在一九六八年田納西州曼菲斯市遭到無情槍殺。金恩博士已成爲美國平等與族群正義的象徵，現在一月第三個星期一的國定假日，就是紀念他對民權的貢獻。

遺憾的是，大多數人對金恩博士的認識僅止於此。我們曉得他是發表了著名演說的偉人，但對於他的生平、演說具體內容或當時的目標卻了解甚少。

不過，我們知識中最大的空白，也許是讓金恩博士一舉成名的大規模民權運動。金恩博士固然影響深遠，但促成六〇年代民權法案的浩大工程，並非他靠一己之力完成，他甚至也不是唯一的領袖，還包括其他優秀的同輩領袖，他們在一九五七年共同創辦了「南方基督教領袖聯合會」，致力終結種族隔離的陋習。這些民運人士包括貝雅德．魯斯丁（Bayard Rustin）、艾拉．貝克（Ella Baker），以及查理．史蒂爾（C. K. Steele）、佛瑞德．沙特斯沃斯（Fred Shuttlesworth）、喬瑟夫．勞瑞（Joseph Lowery）、拉爾夫．阿伯納西（Ralph Abernathy）等牧師，個個都展現了過人的勇氣與決心。金恩博士出現之前，民權運動也仰賴著偉大的男男女女，像是廢奴倡議人士佛雷德里克．道格拉斯（Frederick Douglass）、主張婦女參政的領袖蘇姍・安東尼（Susan B. Anthony），當然還有民權運動的先驅，例如柯瑞塔・史考特・金恩（Coretta Scott King）、羅莎・帕克斯（Rosa Parks），也別忘了藉由靜坐掀起民權運動的四名非裔美國大學生：他們在北卡羅萊納州葛林斯波羅市的伍爾沃斯百貨中，挑了專門服務白人的午餐吧台坐了下來，儘管店員拒絕幫他們點餐又語帶威嚇，四人卻面不改色地繼續坐著。六〇年代美國少數族群的法律地位會大幅提升，前面提到與沒提到的人士都功不可沒。在如此豐富的歷史脈絡之下，金恩博士才能順利推動民權，甚至獲得美國前總統甘迺迪與詹森的支持與參與。

民權運動並非憑空出現。一九六〇年代，美國社會各方面都經歷了文化的動盪，最著名的就是全國人民對於戰爭、嗑藥和性愛的態度。畢竟，一九六七年正值「愛之夏」（Summer of Love，當年的社會現象，象徵反越戰和對抗資本主義的運動），民權運動只是六〇年代社會革命的一環罷了。

金恩博士是民權運動中活躍的主要成員，也是一位了不起的領袖。不過，儘管他的文化地位崇高，民權法案並非由他一人所制定，只是他依然是整場運動的門面，正如同聖雄甘地是印度獨立運動的門面，蘇姍・安東尼則是美國婦女參政的門面。這三人都是偉大的領袖，但不可能是單打獨鬥，若背後缺乏群眾支持，註定會一事無成。

我們將特定個人視爲偶像崇拜，加上未能正視群衆扮演的角色，不只會簡化複雜的歷史而已。這些個人在我們心目中的形象，形塑了我們看待歷史事件的方式。在大衆的想像中，每位領袖都成爲各自參與運動的象徵，已然跟運動本身畫上了等號。我們會說：「金恩說服國會通過民權法案，徹底改變了美國的樣貌。」或「幸虧甘地的努力，否則印度至今仍會受到英國掌控。」這些言論不只是譬喻而已。大衆對民權運動與印度獨立運動的認識甚少，理解多半僅限於曉得這些人促成了重大的改變。認知上來說，個人和運動合而爲一，攬下了全部的功勞，但事件本身十分複雜，可能牽涉數百萬人。

我們在討論政治體制時，心中常運用個人代替複雜的群體。美國人開口閉口就是艾森豪政府或甘迺迪政府，彷彿美國總統一個人就包辦所有行政事務。「平價醫療法」全文典有兩萬多頁，充斥著一大堆法律專業用語。雖然大衆都稱之爲歐巴馬健保，但你覺得其中有多少是歐巴馬本人所寫？我們猜全部都不是。總統的領導統御能力也許有優劣，但他們也是人，總統當然要爲自己的行政團隊負起責任，卻不是因爲他們大小事務都是親力親爲，在大部分的決策中，總統只是象徵人物，代表政府的門面。

我們不只會拉抬政治人物的地位。對於英雄的崇拜也主導了娛樂產業。觀衆很容易就美化與吹捧個人成就，但只要事態發展不順就予以責備。好萊塢熱門強片中龐德類型的角色，不但能單槍匹馬化解大災難，還經常是品酒專家、武功高強又是撲克奇才，最後都能抱得美人歸。想當然耳，他們的智商一定破表。全世界的人都愛看好萊塢的電影。

眞相則無趣得多。英國特務其實很需要睡眠、必須跟焦慮抗衡，而且（我們懷疑）可能都上不了《時人》雜誌的最美臉蛋名單。我們對女王陛下的軍情局懷抱至高敬意，只是不大相信其任務是由超人般的特務所執行。雖然我們沒有內幕消息，但可以合理猜測，英國軍情局的特務多半是普通人，各自負責專門的工作。

我們對科學與哲學的理解反映了相同的偏見。我們常把整個專業領域跟某位偉大男性（鮮少會是女性）聯想在一起。他的眼光遠大，超越當代狹隘的心態與思想；他察覺群衆思維的侷限，憑著過人的智慧，獨力開創全新典範，帶給社會翻天覆地的變革。這樣了不起的男性，成功前往往得先跟既得利益者與權力菁英交鋒。根據流行歷史，蘇格拉底被迫服下芹毒而死，以捍衛自由主張信念的權利；哥白尼在教會的禁止下，只得把地球繞太陽公轉的理論束之高閣；伽立略則被軟禁於阿切特里的農舍中，沒過多久便與世長辭。

這些男性也許絕頂聰明，卻不應該獨攬相關成就的功勞，因爲他們無不建立在前人的研究基礎上。哥白尼的太陽系日心說，就多虧了古希臘的文獻。古希臘人雖然搞錯了重要事實，誤以爲太陽系繞著地球轉，但哥白尼的理論是根據相同的觀察，而且承繼了托勒密以來的理論系統。哥白尼所提出行星的全新運行軌跡，也沿用了希臘人所建構的天體系統。部分偉大的科學家也表示，要有前人先在科學田野上翻土施肥，努力播下理論的種子。愛因斯坦就曾說，若非衆多科學前輩的貢獻，他不可能構思出相對論。

這些優秀科學家的與衆不同，是因爲他們改變了世界。假使這些人不曾存在，世界就無法受惠於其見解，我們說不定仍身處黑暗時代，妄想著要點鉛成金。但他們是否眞的如此關鍵呢？假使他們從未誕生於世，可能會別人會有同樣的發現。科學史上不乏相關文獻指出，有不少科學家獨立完成研究後，於同一時期提出類似的發現或理論。我們都曉得化學元素週期表，有些人因爲以前化學課不得不背，因此對該表格又愛又恨。元素週期表是當代化學的核心，列出所有元素（自然萬物的基本成分），排列方式又能顯示彼此的關係與特質。多數人都在學校學到，週期表是德米特里·門得列夫（Dmitri Mendeleev）首度整理出來，但學界普遍的共識爲，門得列夫並非獨自完成所有必要工作，而是建立於別人成果的基礎上，像是法國化學家安端·拉瓦節（Antoine Lavoisier）。不過，門得列夫卻獲得最多的肯定，甚至科學家爲了紀念他，還以他的名字把新元素命名爲「鍆」（mendelevium）。

艾瑞克·塞利（Eric Scerri）最近一篇論文中，就質疑門得列夫享有的優越地位，指明至少有五位化學家曾提出極爲類似週期表，而且他們發表研究結果的時間，全部都早於一八六九年門得列夫的那篇論文。其中一人（法國地質學家尚古多，Alexandre-Émile Béguyer de Chancourtois）甚至比門得列夫早七年。

上述重點在於門得列夫並非憑空整理出週期表，他在知識共同體中做研究，共同體範圍涵蓋歐洲各地，甚至還有其他國家，產生無數信件、論文、教科書與科學會議。門得列夫固然貢獻良多，可是如果沒有知識共同體的存在，他很可能只在原地打轉。元素週期表的源頭就在知識共同體中。

這並不是唯一的例子。不同學者同時做出相同的發現，其實在科學界出奇地普遍，時至今日依然如此。本書撰寫時，科學界正好有場專利戰，爭奪名爲「CRISPR/Cas9」的程序，這項程序可用來編輯ＤＮＡ長鏈。難就難在，兩方科學團隊幾乎是同時發展出基本理論。

科學之所以進步，似乎不只因爲天才橫空出世，也是因爲條件充足，促成了特定的發現。這需要適當的背景理論出現、適當的資料蒐集；更重要的是，共同體裡得有相關對話在進行中。於是，科學界集結眾人的智慧，專注研究適當的問題，答案就在時機成熟時揭曉。

人類的記憶力有限，推論能力也不足。歷史系學生懂的就這麼多。因此，我們往往會設法簡化事物。簡化的一項方式就是英雄崇拜，即把意義重大的個人與其象徵的知識共同體合而爲一。我們不會設法理解、努力記住不同人追求的不同目標，因爲龐雜到不可能辦到，反而是把所有事都混在一塊，只跟一個人畫上等號，這樣不但讓我們能忽略煩人的細節，也得以說故事給孩子。偉大人物的人生故事，取代了群體內人際關係與活動的複雜網絡。我們在思考政治、娛樂和科學時都是如此，運用個人故事來取代事實眞相。

智力

每當認識新朋友時，我們的第一印象是其個人特質：才華、能力、美貌和智力。我們也許會進一步了解他們的經歷與背景：從小到大的教養、曾受過的幫助、家庭與工作環境。我們最初重視的是個人特質，即對方天生具備的條件，通常是後來才會想到他所屬的群體和環境。個人要先吸引注意力，留下第一印象，經歷背景則用來修正這個印象。

想像一下，你正在面試某個求職的新鮮人。她大學畢業的成績是第一名，你會藉此推測她有一對嚴格管教的父母，成天逼她認眞讀書嗎？還是會猜想她有群傑出的朋友，一路上給予她鼓勵與支持呢？你也許會想知道這些事，但多數人只會覺得她很聰明。第一名畢業必定是因爲能力佳，我們立即做出她智商很高的結論。這一點也不誇張，結論很明顯，她得夠聰明才能有如此優秀的表現。不過本章後半要論證的是，這不太可能是事情的全貌，了不起的成就不只需要個人的聰明才智。

每當我們談到智力時，究竟是什麼意思呢？我們一下子就能舉出絕佳的例子：愛因斯坦的智商很高（應該說非常高）。有時，我們也會同意某人少一根筋，智商可能很低（請自動代入你最討厭的政客）。是每當討論起智力時，我們眞的曉得自己在說什麼嗎？還是同樣受到說明深度的假象所騙？一旦我們設法具體說明，會不會發現其實內容十分空泛？

智力的理論通常把智力分成不同部分。遺憾的是，學界對於究竟有哪些部分尚無共識。一項十分普遍但較爲傳統的方法，就是區分成固定智力和流動智力。平時我們說某人很「聰明」，其實就是指流動智力：無論主題爲何，對方都能迅速做出結論，也能迅速理解新事物。固定智力指的是個人記憶中貯存多少資訊可任意使用，包括個人的字彙量與常識。

智力也可依據不同能力區分。有的理論將其分爲三項能力：語言能力、正確解讀環境的速度與能力、內心操控圖象的能力。有的理論進一步主張，智力共有八個不同面向，包括語文、邏輯數學、空間、音樂、自然觀察、肢體動覺、人際與內省等智力。另一位研究人員則採務實的角度，認爲智力反映了建構並達成個人目標的能力。這項理論提出的基本能力，則包括創新能力、分析能力、實務能力，以及懂得融入正向倫理價值以追求共同福祉的能力。

理論家各自堅持著自己那套智力的能力分類，至今依然莫衷一是。心理學家研究智力已一百多年，卻對如何確切歸納智力缺乏共識。這樣的結果讓人難以保持樂觀，畢竟智力是人類思維最爲高深又長久的特質，同時也顯示了釐清個人基本認知能力，也許並非理解人類心智最有效的方式。

智力測驗簡史

心理學家常用不同測量方法，觀察常人在現實世界中的行爲，藉此界定心理學上的概念。心理學家偏好的概念，通常具備客觀的定義，反映現實中人類的行爲。佛洛依德提出的「本我」和「超我」等概念已不受青睞，因爲無法在現實世界中觀測。智力可就不一樣了，可以經由測量得知。當代心理學所謂的智力，專指智力測驗的表現，沒有模糊空間。只要給任何人考個試、打個分數，就能用成績來斷定該考生的智力。

究竟指哪項智力測驗呢？智力測驗的版本可多了。假如我們要用測驗結果來判斷智力，選擇就非常重要。當代智力測驗的發明者，是一九〇四年法國心理學家艾佛烈．比奈（Alfred

Binet）與他的學生提奧多爾．西蒙（Theodore Simon）。兩人給受測孩童三十項任務，難度慢慢增加，包括遵照簡單指令，以及按順序重述七位數字。

這樣的測驗方式似乎頗爲武斷。若我們對智力缺乏明確的定義，那只不過是把考試分數按順序排列罷了，而這正是我們所做的事。心理學對智力的研究，是根據特定認知能力高低來替個人排名。比奈當初企圖藉由測驗，找出學習落後的學生，好決定補救教學的對象，這不一定就很武斷，因爲我們可以依預測效度，挑選合適的測驗。心理學家是很務實的一群人，想方設法要預測哪批人會功成名就。獵人頭公司、人資、研究所和常春藤名校甄選委員，莫不希望挑到智力出衆的優秀人才。最佳的智力測驗勢必能充分滿足需求，精準預測受試者的未來成就。

心理學家致力研發最佳測驗時，有了驚奇的發現：原來只要你納入測驗的心智能力項目夠多，挑哪個智力測驗都沒差，無論你用哪些題目來評量表現，出來的測驗結果都會一致，或至少十分相近，因爲所有認知測驗都呈正相關——這點是一九〇四年查爾斯．斯皮爾曼（Charles Spearman）所發現，對日後研究影響深遠。不管你給受試者做困難的數學題目，或測試他們對古羅馬詩人維吉爾筆下史詩《伊尼亞德》的理解程度，或測試他們看到燈亮後按鈕的速度（反應時間），只要任務涉及專注力與思考，測驗成績便會有些微的正相關。換句話說，凡是在其中一題表現出色的受試者，別題表現優異的機率也略高；相反地，其中一題表現不佳的受試者，別題出錯的機率則較高。所有智力測驗呈正相關，代表這些測驗有著共通之處，區分出表現好與表現差的人，斯皮爾曼把這個共通點稱作「一般智力」。

斯皮爾曼成名的關鍵，是構思出一套複雜的數學公式，依測驗結果給予智力分數，這項方法稱作「因素分析」。因素分析蒐集每項測驗中每人的分數，尋找所有測驗潛在的共同向度。你在這個向度的分數就是智力。

因素分析所透露的潛在向度稱作「*g* 因素」，你沒猜錯，該字母就代表著一般智力。心理學家感到十分滿意，這符合他們對量化的期待，只要施予一大堆測驗，再運用因素分析算出智力分數即可。由此可見，*g* 因素是統計學的概念，不只是你在一項智力測驗中的表現，而是在大量測驗中跟別人相比的整體表現。優點就是你用哪些測驗都行，只要彼此有明顯差異、涵蓋足夠不同思考能力（空間、語文、數學、類比、簡單與複雜題型）即可。心理學家之所以喜歡 *g* 因素，是因爲它成績爲基準，而且能預測重要的人生成就。受試者的 *g* 分數較高，在校成績與工作表現也較好。一項報告統整了一百二十七項實驗的資料，總共對兩萬逾人施予智力測驗，發現單單一個 *g* 因素就跟數項工作成就指標呈正相關。

其他小規模研究曾質疑，智力是否眞的跟現實生活的認知能力相關。八〇年代有項賭馬研究，針對專家與非專家（其中有超過二十年賭馬經驗的老手）進行智力測驗，包括最常見的智商測量。結果顯示，智商分數無助於預測挑選賽事中最強馬匹的能力，甚至也無關乎賭徒下注的複雜估算能力。

然而，這些例外不足以動搖前述的結論——*g* 因素能預測人們現實生活的成就。但是，解讀分數時務必保持審愼，畢竟影響測驗分數的變因很多，譬如對題目的理解、信心多寡、當日咖啡攝取量、是否剛剛失戀等各種隨機事件。此外，個人的價値並非單單取決於測驗成績，像是關懷他人的能力（或對公司壘球隊的貢獻多寡）也很重要。

儘管如此，想替所有人分門別類的學者，莫不視 *g* 因素爲金科玉律。這是目前最適合用來量測心智能力的指標，藉此判斷受試者在相關領域的成就。

知識共同體的啓示

社會大衆十分重視 *g* 分數。儘管有強力證據顯示其反映心智能力差異，那些能力究爲何尚待釐清。*g* 因素有助預測學業成績與工作成就，但是關於智力與測驗目標依然有很多未解的問題。也許一直以來，我們對智力的思考方向其實有誤。最常見的觀念是，智力是人類智識強弱的指標，經測量後就可以分出智識的高下。

只要了解知識存在於群體之中，我們就能從不同角度思考智力。與其把智力視爲個人特質，不如理解成個人對知識共同體的貢獻。假使思考具有社會實體，又在群體中進行，並且涉及團隊合作，那麼智力就存在於群體而非個人之中。我們將在本節中論證，測量智力的最佳方法，就是評估個人在群體中的貢獻。個人在群體之中發揮所長，幫助群體達到共同目標，所以眞正重要的是群體。個人智力反映其在群體中的角色有多吃重。

若我們如此思考，智力就不再是個人推論與解決問題的能力，而是在群體推論與解決問題的過程中有多少貢獻。這不只會牽涉強大記憶力和快速執行力等個人資訊處理能力，還會需要理解他人觀點的能力、輪流工作的能力、理解情緒反應的能力與傾聽的能力。從知識共同體的角度思考，智力就有了更宏觀的定義。一般人可以藉由各式各樣的方式貢獻，像是提供別出心裁的點子，長時間從事枯燥乏味的工作，或成爲了不起的演說家或航海家。

這樣帶來的結果是只要群體的運作效率高，就不需要很多高智商的天才，而是需要不同技能的人才。無論是狩獵覓食、搭建家園、海上導航，不同環節都需要各式各樣的技能。一旦你的團隊具備完成任務的各項能力，表現自然就會大放異彩。若衆人能通力合作，這些能力更容易發揮出來。若團隊成員的能力相輔相成，也會滿足認知勞力分工的需求。因此你在挑選合作對象時，每個人能帶來的貢獻遠比智商重要。與其把受試者個別關起來考智力測驗，不如測試整個團隊的合作默契。

我們不妨透過類比來思考一下。本書行文至此，我們一直在主張，應該從認知勞力分工的角度來討論心智能力：所有人的心智都是知識共同體的一環，而非屬於任何個人，不同人各司其職，以提升整個知識共同體的生產力。這就好比車子內部林林總總的零件，共同參與運輸這項勞力分工；每個零件扮演好各自角色，車子才能在路上跑。測量個人智力就好像檢驗零件品質。我們運用許多精密測試去檢驗零件，可能是秤重、測量其長度、年齡和亮度，還有定價，然後會發現零件之間高度相關：品質愈好的零件，往往由愈好的材料製成，也會較爲輕巧、堅固、光亮和昂貴。正如不同的智力測驗，各項零件測試之間也有所關連。我們再來會檢驗更重要的項目，也就是零件的整體品質。我們最關心的是什麼呢？理應是車子整體的性能，包括速度、省油程度和可靠指數。我們不太在意個別零件的特性。當然，車主都想要好的零件，但不是爲了零件本身，而是零件愈好、車就愈好。

有時，我們會希望零件在測試中能展現差異化。最適合的輪胎不見得光澤最亮、最適合的輪蓋不見得最貴（當然要看你對輪蓋的要求）、最適合的保險絲不見得最強韌、最適合的音響系統不見得最輕便。因此，不同測試只能給我們建議：一般來說，你希望車子零件能有特定的表現。但建議歸建議，最適合的零件有時表現得正好相反，因爲測試無法直接反映你關心的重點。你在乎的是車子整體要運作順暢，也希望零件能有各自的貢獻，而非所有零件的效能一模一樣。

人也是一樣。若要執行大部分的任務，每個人就要有不同的貢獻。若要經營一間公司，你需要小心謹愼的員工，也需要勇於嘗試的員工、對數字在行的員工、人際手腕高明的員工。假如員工同時具備交際手腕與數學能力，說不定弊大於利。客戶通常不喜歡業務拿出天花亂墜的數字，這只會讓他們覺得自己矮人一截。

由於我們多半在群體中工作，因此我們最在乎群體執行工作的能力。無論是醫生、技師、研究人員或設計師團隊，成果都歸於整個團隊而非任何個人，而且一切以最後成果爲重。因此，我們需要的是測量群體表現，不是測量個人智力。卡內基梅隆大學泰珀商學院教授艾妮塔·伍利（Anita Woolley）的研究團隊就提出一項方法。他們不測驗個人的智商，而是找來共四十組的三人小隊，每隊要完成一連串測驗，包括集思廣益想出磚頭的可能用途、常用來快速測量智力的「瑞文氏高級圖形推理測驗」、道德推理問題、採購規畫任務，以及小隊打字任務。每個小隊都要共同完成題目。

我們先前已曉得，任何認知測驗的成績彼此呈正相關。群體智力的假說主張，群體智力測驗也存在類似的關係：所有群體任務的表現都會呈正相關，並且可以從群體成績的分析中，擷取類似 g 的因素（研究人員稱作 c 因素）。研究發現果然如此。儘管部分的相關性很低，所有任務都是正相關，其中一項任務表現好的群體，別的任務表現好的機率也較高。因此，c 因素就此問世。

他們也推斷，c 因素相較於個人智商分數，能更精準預測日後不同群體任務的表現。換句話說，他們要驗證的假說是：群體智力的整體表現會超越個體智力的總和。為了驗證這項假說，他們給每個小隊一項不相關的任務（電腦跳棋），觀察 c 因素是否比個人智力指標更能預測小隊的下棋表現。果不其然，c 因素可準確預測小隊下棋得勝的機率，個人智商在預測方面卻派不上用場。想要預測群體的表現，你得以群體為觀察對象，個人智商就幫不上忙。打個比方好了，若你請了家公司來整修廚房，寧可找一群能力尚可但合作無間的工人，也不要找一群自以為是的工人，技藝高超但各行其是，連櫥櫃和流理台都對不齊。

既然我們已從個人智力的 g 因素，轉而思考群體智力的 c 因素，那等於回到了原點。雖然證據顯示 c 因素相當可靠，但我們仍得解答最初的問題：測量出來的到底是什麼呢？區分團隊表現優劣的關鍵特點為何？如何預測他們在群體任務的相對表現呢？

伍利的研究團隊提供了初步的答案。他們額外對每個小隊進行測試，發現群體凝聚力、動機和滿意度等指標均無法預測小隊表現，但社交敏感度、換手頻率、女性比例等指標卻能準確預測表現。這些結果顯示，女性人數較多有益整個群體，因爲社交敏感度也較高（凡是在男子更衣室待過的人，讀到這項結論應該不太意外）。

群體智力的觀念較爲新穎，仍有許多問題難以解答。社交敏感度等指標對於群體運作固然至關重要，但仍無法拼湊出智力的全貌。群體內部有何動力能提升社交敏感度？爲何是一起下跳棋的關鍵？除了聽取所有成員的看法，你也需要有巧妙的下棋點子，整個團隊得判斷最佳策略。還有學者提出其他看法，設法說明群體表現出色的條件，但 c 因素究竟測量何項能力，目前仍沒人說得準。儘管如此，根據愈來愈多研究資料，群體的成就並非個別成員智力的加總，而是成員之間合作默契的多少。

群體智力及其深層意涵

智力的概念造成很大的混淆：明明是群體的聰明之舉，我們卻當成是個人所爲。光想我們對成功企業的觀感就可以知道，而網路創業家也有同樣的誤解，覺得好點子最爲重要。

一般常見的看法是，新創企業的成功歸功於最初的好點子，進而掌握了市場、創造數百萬美元的身價，臉書創辦人祖克柏和蘋果創辦人賈伯斯就是如此。由於我們智力是個人所有，因此把好點子的產生完全歸功給個人英雄。不過根據替新創企業出資的創投家表示，眞相沒那麼簡單，正如創投家艾文．羅貝魯（Avin Rabheru）所說：「創投家支持的是團隊，不是點子。」

不妨參考美國科技創投育成先驅 Y Combinator 的觀點。他們所採取的策略理念是，成功的新創企業鮮少因最初的點子獲利。好點子也會改頭換面，所以關鍵的並非點子本身出色，整個團隊的素質更是加倍重要。優秀的團隊可以幫助新創企業成功，因爲藉由了解市場運作能激盪出好點子，從而加以實踐點子；優秀的團隊也會善用成員的不同能力，進行適當的勞力分工。Y Combinator 盡量不投資單一創辦人的新創企業，不只是因爲這代表缺乏團隊分工，更是出於一項深層卻重要的考量：單一創辦人缺乏團隊的榮譽感，這項精神才能避免個人讓朋友失望。倘若創業路途不順遂，團隊成員往往會相互打氣、加倍努力，因爲他們是爲了所有人打拚。

只要認清我們活在知識共同體中，就會明白，想定義智力的學者多半搞錯研究方向了。智力不是個人的資產，而是團隊的資產。懂得解開數學難題的人確實會有貢獻，但促進成員互動的人、記憶力超強的人貢獻也不會少。我們把人單獨關在房間，給他一份智力測驗考題，其實測量不出眞正的智力，應該要看他所屬群體交出的成果。

那可以怎麼做呢？有沒有方法能正確檢驗個人對群體表現的貢獻？這個問題至今未受到太多關注。我們不妨開始構思答案，首先做個簡單的假設：無論加入的群體爲何，個人或多或少都會一直有貢獻。方法之一就是檢驗個人在不同群體中的貢獻，好比冰上曲棍球隊檢驗球員的表現那樣，可以運用得失分的評量制度。這套制度原先的概念是，只要派優秀球員上場，我方得分就會比較多，對方得分就會比較少。因此，球員的素質取決於得失分的總和，即該球員在場上時，我方的得分扣掉失分。我們可以用類似的方法，檢驗團隊成員對解決問題的貢獻。每當該成員在場時，團隊的成敗率爲何？對團隊績效持續有貢獻的成員，分數自然就會較高，這樣才算眞正「聰明」。這也許是考量知識共同體的概念後，還能量化群體中個人貢獻的一項方法。

不過，這項檢驗方式可能很難落實，問題在於團隊的成敗並非曲棍球比賽，有時結果並不明顯。假如研發出的應用程式得了獎，上市後銷售成績卻乏善可陳，這算是成功或失敗呢？另一個問題是，假如兩人的合作經驗豐富，其中一人成功可能就有另一人的貢獻（這就好像男人在外表現得交際手腕高明，很可能只是因爲他太太懂得如何交朋友）。

儘管如此，基本原則仍然不變。一位主管也許看似聰明開朗、口若懸河，給予許多同事很棒的靈感，可是若該主管參與的專案常以失敗收場，也許就拿不到太多考績獎金。經理在考核員工表現時，絕不可把腦筋靈敏和性格魅力當成貢獻，眞正要問的問題是——相對於其他員工來說，該員工參與的專案是否成功率較高。

務農的人都曉得整地是最困難的差事，播種等發芽則算簡單。就科學產業來說，明明整地的是整個共同體，社會卻歸功給剛好播下成功種子的個人。播種不見得需要超人一等的智慧，但打造適合種子成長茁壯的環境絕對需要。我們必須對科學界、政治界、商業界和日常生活中默默無聞的衆人，表達更多的感謝。

金恩博士確實是位偉人。也許，他最擅長的是鼓舞大衆通力合作，不畏逆境顚覆了社會對族群的看法、改革了法律上的不平等。但是若想眞正理解他的成就，就不能只著眼於他個人。我們不必把他當成一切偉大成就的象徵，應該感謝他在美國邁向偉大國家的路上，貢獻了他自己的那份心力。

第十一章
當個聰明人

一九八〇年代，巴西大城市裡的生活無比困苦。惡性通貨膨脹讓貨幣變得一文不值，通膨率每年都上升八〇％到二〇〇〇％不等。單單一年內，一杯咖啡的價格可能從一美元飆漲到兩千美元。可憐的巴西人只能咬牙苦撐。許多陷入貧窮的孩子無法上學，必須在街上叫賣維生，像是糖果、橘子和爆米花，什麼東西都能賣。這些孩子具備多少知識呢？他們沒有上學，因此不太可能精通巴西文學、地理或代數。可是他們成天忙著叫賣，擁有買商品來販售的經驗、確保定價可以獲利的經驗、找零錢的經驗等，這些全部需要算術能力，通膨又讓他們往往得計算很大的金額。這些孩子會不會早已精通了基礎算術能力呢？儘管缺乏正式教育，他們是否比上過學的孩子更擅長加減乘除呢？

爲此，部分聰明的教育學者訪談了一組十到十二歲的街頭小販與一組同年齡的學童，並給他們一系列算術與數字相關的測驗。

凡是教過孩子數學的人，都不會對這些學者的研究發現感到意外：兩組讀大數的基本能力都有待加強。這些孩子不太理解不同位數的意義，但他們懂得比較數字的大小，說得出一對數字中哪個比較大。兩組的差異在於加減法的能力：小販的表現亮眼，學童沒答對幾題。小販對於大數比例的理解程度甚至遠遠超越學童。由此可見，凡是有關賴以維生的能力，經驗比正規教育來得有用（至少巴西窮人家孩子的所受教育是如此）。

人生來就是要起身活動，而不是光被動聽講、運用符號或死背史實。教育學者一直知道這件事，教育哲學家約翰．杜威（John Dewey）早在一九三八年就提出以下主張：

每個人都要安排短暫的時間來安靜反思，就算是小孩也不例外。不過，這段時間必須安排在活動後才會眞的有用；這類活動得運用大腦以外的身體部位，反思時則要彙整活動期間的心得。

學習經驗豐富的教師與學生都明白，單純上課聽講、漫不經心地運用符號或死背史實，都不是最佳的學習方式。活動是學習的必要條件。我們學會所需知識後，就要採取行動來達成目標。假如你的目標是在街上找零給客人又不能虧本，就會設法學會算術。這並不是在主張課堂無用論，課堂上所學的代數依然有很大的價值，特別對於想從事高級金融業、證明數學定理或研究如何讓火箭登陸月球的學生更是如此。

不過，課堂的學習大多跟學生想達成的目標脫鉤。學生往往不曉得如何把閱讀、寫作、算術等能力應用到未來生活中，因此普遍是爲了學習而學習，不是爲了行動而學習。這也許是爲何教育學者老是抱怨，學生無法理解閱讀的內容。學生以爲自己讀得很仔細，等到發現有看沒懂，常常大吃一驚；他們看到閱讀測驗的爛成績，更是不可置信。明明讀了半天，覺得理解得很透徹，卻連基本問題都答不對。這個現象普遍到有自己的專有名詞——理解的假象，不免讓人想起說明深度的假象。

之所以會出現理解的假象，是因爲我們常把「熟悉」或「認得」當成理解。你的目光掃過文字時，下次再看到就會覺得熟悉，即使事隔很久也是一樣。心理學家保羅·柯勒斯（Paul Kolers）故意用極端的例子，請受試者讀一段顚倒的文字（每個字母都上下顚倒）；一年多後，他發現同一批受試者讀同一段文字的速度，竟快過他們讀陌生的文字，即一年後仍保有閱讀特定文字的記憶。

學生的問題（其實是所有人的問題），在於誤以爲熟悉感就代表理解內容。熟悉或牢記文字是一回事，眞正看懂箇中意味是另一回事。許多美國學生可以憑記憶朗誦「美國效忠誓詞」，卻完全不清楚自己在說什麼。這就是爲何常聽到奇怪的版本，明明是「在上帝庇佑下，國家不可分割」（One nation, under God, indivisible），有些學生顯然以爲國家不見了，於是唸成：「在上帝庇佑下，國家不可看見」（One nation, under God, invisible）；明明是「其所代表的共和國」（And to the republic for which it stands），有些學生卻唸得彷彿國家被邪靈入侵：「女巫所代表的共和國」（And to the republic, for witches stands）。同樣地，每位熱愛搖滾音樂的歌迷，都會納悶爲何許多人哼唱起吉他之神吉米．罕醉克斯（Jimi Hendrix）的《紫霾》，不會忽然意識到自己唱出「失陪了，我要親這男子」（excuse me while I kiss this guy），我們不曉得吉米親了幾個男子，但很確定歌詞其實是「失陪了，我要親吻天空」（excuse me while I kiss the sky）。即使是背得滾瓜爛熟的文字，也不見得眞正理解其意。理解需要刻意費些心力來解讀文字、需要思考作者的意圖，可見不是每個人都曉得此事。許多學生把輕鬆讀過當成認眞讀書了。

因此，我們在前幾章得到的結論——衆人遠比自己想得還要膚淺，遭到知識的假象所矇蔽，也可以套用在教育上：學習需要藉由徹底理解資訊，才能戒除平時的習慣。

知己所不知

我們會有知識的假象，也是因爲把專家所知當成自己所知。我可以取得別人的知識結晶，所以自認理解自己在說什麼。同樣的現象也出現在課堂上：學童之所以有理解的假象，是因爲可以從課本中、教師與成績好的同儕身上，獲得自己需要的知識。人類生來就無法精通所有領域，而是要參與群體的運作（這也是偉大的杜威多年前提出的另一項主張）。

若我們在知識共同體中扮演的角色，是要分攤其中的認知勞力，就得避免以下這項錯誤觀念：教育的目的是要讓人具備獨立思考的知識與能力。可能會有人以為，我們上學是為了學習先前要別人代勞的事物，而教育的目的是讓人在智識上獨立。舉例來說，假如我想當汽車技師，自然覺得需要修課學習修車技能，並期待上完課後就會修車，屆時備妥工具、零件和車庫等周邊資源，理應就能獨當一面。假如我想當歷史學家，則會想要在課堂上牢記史實、思潮和年表，之後至少能回答歷史相關問題。假如我想成為科學家，就要在課堂上研讀相關領域的理論與資料，學成後應該就能有新發現、發展出更厲害的理論、擔任教職傳道授業，或把知識應用於打造更便利的工具。

所謂教育是培養智識上的獨立，並不是完全正確的說法，因為這基於幾項有問題的假設：首先，教育的目的是拓展個人知識與能力；第二，接受特定領域的教育後，原有的觀念應該會蛻變成長；第三，接受教育後應該會具備更多正確的知識；第四，接受教育後應該會更有成就。

這些信念不算有錯，只是未能勾勒出全貌。所謂教育應該要培養智識上的獨立，其實是十分狹隘的學習觀念，忽略了知識要仰賴他人的事實。技師修車前需要找到零件供應商和貨運公司，還得想辦法留意車款被召回的消息，或者時下的創新設計。現今的汽車所需技術來自全球各地，技師所需要的各項專業知識，都散布在整個汽車產業的知識共同體中。因此，學習不只是要拓展知識與能力，還要練習如何跟他人同心協力，認清我們可貢獻的知識，以及哪些知識缺口需要他人來填補。

假設你在學習西班牙的歷史。光是知道西班牙國內的事件並不夠，還要留意羅馬帝國、十字軍東征、摩爾人的歷史等許許多多地緣政治議題。想認識西班牙歷史，就得知道該歷史的相關脈絡。你不必深入了解細節（也根本不可能，東西太多了），但至少要理解整體歷史脈絡，這樣才會曉得還有哪些資訊，以及有問題時可以向誰諮詢，也就能善用知識共同體的資源。

眞正的教育包括正視自己（對許多事物）的無知，不是往內看自己擁有的知識，而是要向外看自己缺乏的知識。你必須先學會放下一些傲慢，接受自己有很多事都不懂的事實，才能看到自我知識的界限，並對外頭的世界產生好奇，時時要問「爲什麼？」不要只會問西班牙國內的歷史事件，更要去了解其他國家對西班牙的影響；不要只會使用長除法，更要學會問長除法的原理。

身爲個人，我們所知甚少，這是改變不了的事實，畢竟世上知識太過浩瀚。我們當然可以學會部分事實與理論、自己培養某些技能，但也要學著取用別人的知識與技能，而後者才是成功的關鍵。因爲我們能運用的知識與能力，大部分都在別人的腦袋裡。在知識共同體中，個人就像一小塊拼圖，想了解自己的位置，不只需要曉得哪些是自己所知，更要曉得哪些是自己所不知但他人所知。認清自己在知識共同體中的定位，就要意識到自身知識的侷限，即已知與未知的交界。

知識共同體與科學教育

最早提倡要認清自己無知的人，並非我們兩位作者。這項觀念已於科學教育界流行開來。自二〇〇六年起，哥倫比亞大學就開設一堂名叫「無知」的課程，邀請各個領域的科學家來聊聊自己不懂的事，討論內容包括「很想取得的知識、覺得至關重要的知識、取得該知識的可能方法、達成或沒達成目標的結果」。課程著重於教科書以外的知識，帶領學生思考何謂未知與可知，重點不是擺在學生不懂的事，而是整個科學領域都不懂的事，希望激勵學生勇於發問、探索科學的邊界。這門課程要學生不只思考科學理論與相關數據，還要他們開始理解整個共同體的已知與未知。

認識自己的未知有項好方法，就是實際從事該領域的研究工作。科學家都在各自的專業領域邊界研究，他們的工作是把未知變成已知。因此，學習用科學家的腦袋思考，就會需要探索未知的事物。不同領域的代表機構，都提倡這項科學教育方法。美國國家社會科教育委員會主張用歷史學者的研究方法學習歷史，美國國家科學研究委員會哲學提出一套觀念，運用「科學本質」來教授科學：科學教育應該反映眞實的科學，學生應該學習實際做科學的方法。但這些理念說起來容易，實踐起來卻很難。社會對科學研究委員會的建議多半置若罔聞。根據知名《科學》期刊主編的調查，就連大學的科學入門課程，都重視事實背誦，而非學習做科學的方法，這個現象在中小學更加嚴重。根據教育理論學者大衛·柏金斯（David Perkins）所言：「科學課本裡充斥著淺薄又片斷的資訊。」部分是因爲每個人都有自己的企圖：「各方利益團體與學者都堅持課本提到自身研究成果，爲了滿足所有人的需求，教科書就搪塞了各項資訊與觀念，但缺乏靈魂，也就是沒按照任何系統整合，結果就是沒人滿意。」

我們暫且把焦點擺在科學上，畢竟是兩位作者略懂的領域。什麼是科學研究方法？原來，科學家並非獨自待在實驗室探究大自然的奧秘，而是集群體之力進行研究，當然有認知勞力的分工：不同科學家是各自領域的專家，而科學知識分布於整個科學圈之中。此處認知勞力的分工，並不是說每位科學家具備一點知識，而知識的總和有賴每個人。所謂的分工其實無所不在，滲透科學家的一切所爲，包括運用的每項技術、引述的每項理論、提倡的每項觀念，都要歸功於整個共同體的貢獻。

假設你是一位當代分子生物學家，設法要理解植物的生殖方式，像是植物爸媽的DNA如何結合再不斷複製成植物寶寶。你讀到關於分子RNA傳遞細胞資訊的新發現，會自己去實驗出相同結果才相信嗎？不太可能，否則得花上所有心力重現別人的研究，所以你只會姑且信之（同時又排除該項發現有錯的可能）。同樣地，若你學到分析資料的新穎方法，也不太可能去檢驗每項證據與數字，設法自己導出該項方法，這只會耗費比原本更多的時間。若你的知識共同體建議了良好的研究方法，通常都會直接採用。

科學講究論證——得到的結論都能加以論證。論證的方法有很多，其中一項是藉由直接觀察（運用顯微鏡，可以看到授精時父母染色體配對成功），另一項則是藉由推論（基因學家孟德爾觀察到父母遺傳給子女的特質，推論出染色體的存在）。

但大多數的科學結論不是透過觀察或推論，而是訴諸權威，像是教科書、期刊或專家朋友的說法。這是知識共同體的角色之一：論證耗時、太貴或困難時，直接提供事實。知識共同體幫我們填補了大量細節，每個人的理解，無論是否爲科學家，都仰賴他人的知識，因此重點在於學生要曉得他人能提供的事實與論證，而不是靠自己死記硬背。分子生物學實驗室想不斷進步，研究人員就要願意使用自己不熟悉、但分子生物學界普遍接受的器具與方法。由於知識多半不是存在腦袋裡，因此科學家跟我們一樣，得依靠對人的信任。我們開車時，並不理解讓車子發動的先進技術；我們開燈時，也不太懂開關的原理（現代的開關比你想得精密多了）。許多科學家認定的事實，其實只是種強烈信念，這種信念無關宗教，而是相信別人會說實話。信念不同於宗教信仰之處，在於訴諸的是更高階的論證力量。科學上的假設可以受到檢驗。若科學家針對某項結果說謊或研究過程出錯，終究都會被人發現，因爲若議題本身很重要，有人就會設法加以驗證，然後發現結果無法重現。

科學家都想挖掘眞相，但他們的動力並非來自對眞相的追尋，而是知識共同體內的社交生活。科學家的成就與實驗室的重大發現並無直接相關，唯有在高知名度管道發表結果，才會在哈佛大學獲得終身教職。由此可見，科學家的工作不只是做研究，還要說服他人自己的研究很重要。爲了出版研究結果，科學家更要撰寫論文說服同儕審查委員與編輯，才能把論文刊載於高知名度的期刊中。如此一來，科學家幾乎無時無刻不在評鑑彼此的貢獻，無論喜歡與否，評鑑也是社交的環節。

科學家也必須取得資金和其他資源，除了用來研究，還要支付學生與助理的費用、參與研討會和工作坊等學界內活動的差旅費。資源來自四面八方，像是政府機構、基金會等單位。分配資源的決策人士中（包括政客與利益團體等）也有科學家，這些同行一樣需要有力的說帖，才會相信資助一位科學家，讓整個共同體（或出資人的私利）都會受惠。這是科學家仰賴知識共同體的另一項理由。

因此，若你相信科學教育要反映科學本身，那就需要讓學生懂得仰賴他人知識，這也有助培育出心思細膩、適應環境的個人。這在法律上也很重要：假使個人因不具備科學知識而不小心傷害他人，就算不是科學家也可能要負起過失傷害的刑責。我們年輕時就曾聽說過，某名男子把白粉狀的家居清潔劑當成古柯鹼販售。儘管當時年輕，我們也知道這不只是犯法的行爲，更是惡毒的行徑。我們雖然對生化一竅不通，但至少曉得正常人都猜得到，誤吸清潔劑嚴重恐會致命。同樣地，有些人天真以爲把機油倒進水溝對環境沒啥影響，但其實危害可大了。無知沒辦法當成藉口喊冤。理解特定行爲的後果需要科學家幫忙，但就算我們不是科學家，也得替這些後果擔起責任。就此來說，我們的日常行爲有賴科學家的知識才能避免觸法。在生活各個層面，知識都是互依互存。我需擔起法律責任的知識，不見得就貯存於我的腦袋裡。

現今，知識相互依存的幅度更是前所未見。眾多科學知識橫跨多個領域，範圍廣到個人無法精通研究所需的全部知識，因此科學家比以往更需要齊心協力。我們兩位作者涉足的認知科學就是絕佳的例子。近年來，愈來愈多創新都源自不同領域。前文已詳細說明過，電腦科學向來影響認知科學的發展；許多認知科學家還會運用神經科學的研究方法；物理學對於測量大腦功能的儀器也有重大貢獻，還提供了學習的數學模型與資訊流動模型。本書雖然為認知科學家所撰寫，但也融合了不少人類學、社會與文化心理學的概念。我們也希望，本書能促成反向的流動——各領域專家讀完文中討論的概念，可以自行融會貫通。

當前的趨勢是知識共同體愈來愈寬廣多元，期刊論文平均作者數量大幅增加就可見一斑。MEDLINE這個資料庫收錄了數百萬篇已出版的生物醫學論文，每篇文章的平均作者數從一九五〇年的一．五人，增加到二〇一四年的五．五人，成長將近四倍。這就表示，現在要出版一篇論文，平均需近六位科學家的專業合作。與許多其他領域一樣，科學界也得透過團隊合作才能順利運作。

科學教育不只是傳授科學理論和事實，還需要學生察覺自身知識的侷限、學會如何藉助群體力量填補知識的空缺，包括學會尋找可信任的對象與眞正的專業人士。有人提出科學論點時，我們應該相信對方嗎？這是所有人（科學家與一般大眾皆然）都要面對的核心問題，因爲交給專家總是比自己包辦來得負責。假設你摘了朵磨菇，必須確認能否食用，可以依據某位採菇友人的經驗法則，像是不吃狀似陽傘的磨菇，不然就請教磨菇專家。若要吃磨菇的人是你孩子，你更有詢問專家的責任。人生有許多狀況，徵詢專家意見是不二法門，譬如身上某塊皮膚顏色有異、煞車踏板冒煙、是否要砸下畢生積蓄購買某間新創公司（或布魯克林一座橋）的股票、是否要混合健怡可樂和鹽酸來清潔餐具的鏽蝕等。

如何確定自己得到的是專家建議呢？假設你了解背後的科學，那你就不用擔心了，可以直接判斷建議的優劣。但通常你缺乏必要的知識，就可以問該說法是否有可靠的證據，或只是口耳相傳的拾人牙慧；它是刊載於同儕審查的科學期刊、《紐約時報》或是超市的八卦小報上？學習科學的本質——科學研究過程、科學詐欺案例、同儕審查的本質、科學的變遷與不確定性，是獲得這項判斷能力的關鍵。

另外，我們也必須明白科學的經濟學。劣質科學對誰有利？那些拿著可疑的研究報告、宣稱產品有效的營養補給品公司當然會受惠，但從科學中獲利的方式可多了。營利性質的報章媒體常會誇大渲染、過度簡化科學結論（對了，科學家並沒發現腦袋裡的戀愛中樞）。科學家看到媒體報導自己的研究，經常會搖頭嘆息，因爲新聞媒體鮮少說對事實，往往錯得既莫名又詭異，所以科學家對於這類新聞報導，傾向抱持保留的態度。教育的目標之一，應該是讓社會大眾也懂得質疑媒體報導。假如有足夠的觀眾具備思辨能力，新聞媒體也許就會更認眞求證。

教育最重要的部分，包括學著判斷論點是否可信？哪裡可以找到專家以及專家是否值得信賴？這些都不是三言兩語能回答的問題，但受過教育的人理應更有能力判斷，也不只限於科學教育，諸如法律、歷史、地理、文學和哲學教育等都是如此。

學習的群體

以上種種對教學現場有何啓發呢？我們應該用心聽取杜威的建議，不能只把知識塞給「個人」，人類的學習如此仰賴周遭世界，應該要藉由互動來理解事物、學習如何吸收資訊。

教育研究學者安．布朗（Ann Brown）在不同教育機構任職，雖然時間不長，不過經歷精采，她想出了解決辦法。她推動一項名爲「培養學習群體」的計畫，觀察團隊在學習過程中的重要性。在這項計畫中，研究人員給某個國小班級一個主題，像是動物的生活方式。班上分成不同研究小組，每組著重議題的不同面向。其中一組可能要探討動物防禦機制，另一組可能是研究捕獵關係、動物如何遮風避雨或繁衍後代的策略。每個研究小組可參考各式各樣的資源，像是教師、客座學者、電腦和紙本資料，但終究得自己進行研究。教師只能提供有限的指導，每個小組的任務，是要精通指定的主題，盡量深入了解那部分的知識。

再來就是進行認知勞力分工：全班重新分成教學小組，每組成員都屬於不同的研究小組。這就是所謂的拼圖法，因爲每位學生都像一塊塊拼圖，安插到一個個角色之中。接著，他們要完成一道題目，譬如「設計一隻未來的動物」。每位學生在第一階研究了單一主題，現在扮演該主題的專家。第二階段中，每個教學小組內都有不同專家，每位專家都通曉題目的一小部分。

這樣分組、打散、再分組的策略，正好是知識共同體的縮影。正如安．布朗所說：

> 雖然刻意把專業分散到各組，但也是學生鑽研不同主題的自然結果。教與學都重度仰賴創造、維持並拓展研究實務的群體。群體成員相互依存，沒人孤立無援、沒人全知全能，合作學習是生存的要件。互依互存營造了共同責任、互相尊重、個人與群體意識。

這項策略十分成功，不僅帶來一流成果，學生發明的動物都很有意思，同時讓學生認識動物生態。參與拼圖式學習的學生理解的觀念，超越了閱讀相同資料卻沒參與研究的學生。

參與研究小組讓學生分享意見、彼此播下新想法的種子。群體思考創造了更豐富的知識環境，更可以讓思考的個體沉浸其中。

這些研究結果十分亮眼。若安·布朗沒在一九九九年以五十六歲之齡早逝，說不定就會做出更多了不起的研究。這些結果帶給她的一項重要心得，就是提供了支持課堂內多元組成的論點。專業種類愈多，學習與表現愈佳。學生來自多元的背景、階級、性別和種族，有助拓展專業種類。

原則上，群體學習沒道理不能延伸到小學之外。依據學生年齡的需求，這項學習方式勢必要調整，我們會推薦不同的拼圖式學習主題，但是先培養專業、再實踐於專業組成多元的群體中，似乎是通用的原則。想想看，假設要大學生修習各種基礎科學課程，再把修不同課程的學生編成一組，每組有不同的問題要解答，像是減少用水量、改善電腦介面等。這些小組的生產力與創造力，可能會超越一般按興趣與友誼自行組成的小組。

除了拼圖法之外，其他群體學習策略的實驗也頗有斬獲，通常是以「同儕教育」爲標題，包括同儕指導、合作學習和同儕合作。只要小組成員共用工作空間與資源，成效就格外出色，促進彼此相互配合、專注於共同目標。其他學習原則理應也能採行。舉例來說，我們曉得一般人在說明時學習效果較佳，因此說明也可列入公開紀錄。

想把一切知識塞給每個人，到頭來只是白費工夫。我們應該發揮個人所長，扮演最擅長的角色。我們應該重視與人合作的能力、同理心與傾聽的能力。這也代表要教思辨能力，不能只著重冷冰冰的事實，才能促進人際溝通與意見交換。這才是博雅教育的眞正價值，而不是爲了找工作而學習。

這些教育策略的目的，不只要讓我們更懂得判斷科學新知，也要我們學會辨別一般資訊。我們在解讀媒體提供的資訊時，都需要抱持懷疑的態度。除了常見的煽動言論和無知報導，近來令人憂心的是媒體充斥著假資訊，背後是有心人士惡意操弄。艾卓安．陳（Adrian Chen）在《紐約時報雜誌》寫的文章提到一個俄羅斯的「網軍工廠」，員工要在部落格、社群網站和新聞留言區上，利用多個假帳號，按指示宣傳支持俄國官方的觀點與似是而非的資訊。可悲的是，這類情事在政治界和商業界，無時無刻不在發生。行銷機構就會貼出客戶產品的正面回饋。在艾卓安的這項調查中，發現這家網路研究機構跟近來網路謠言有關，包括二〇一四年九月十一日路易西安那州聖瑪莉教區化學工廠爆炸案，根本是子虛烏有，但消息卻藉由不同來源快速傳播，包括簡訊（一則還發給國土安全部當地主管）、記者和政治人物的推特留言，更不可思議的是，居然還有美國有線新聞網網站全國頭條的截圖、YouTube

影片（一名男子看電視報導伊斯蘭國坦承犯案）、當地電視台的假網站，以及維基百科記錄這場災難的頁面——全部都是憑空捏造出來的。幸好，我們平時的資訊來源鮮少如此滿懷惡意，但依然充斥太多不可靠的消息，我們應該提高警覺才是。

我們依靠他人給予新知，就可能遇到有心人士散播假資訊。我們要提升學生的科學素養，以區分正確資訊與垃圾消息，這比教他們寫論文的撇步來得更有意義。

第十二章

做出明智決定

蘇珊・伍渥德（Susan Woodward）是金融經濟學家，曾擔任美國證券交易委員會與美國住宅暨都市發展部的首席經濟顧問，畢生都在研究如何協助大眾改善理財決策。

伍渥德剛開始工作就投入學術圈，曾任教於史丹佛大學、加州大學洛杉磯分校與羅徹斯特大學。由於她是金融與經濟學科班出身，因此相信消費者具備充足資訊，往往會依自己利益做出最佳選擇。不過，當她進入住宅暨都市發展部擔任公職後，每天都得跟一般民眾互動，原本的看法開始動搖。她最先察覺不對勁之處，是在聯邦住宅管理局的補助型房貸利率。這些貸款都提供類似的福利，因此債務人負擔的利率理應差不多，實際上差異卻很大。蘇姗探究背後原因，發現許多債務人不懂房貸，成了債權人眼中的肥羊。債權人似乎會評估債務人所知多寡，提供較差貸款利率給狀況外的債務人。

隨著她輾轉在公私部門擔任不同職位，研究諸如共同基金等其他金融產業，蒐集了愈來愈多例子，顯示大眾對理財決策的理解少得可憐。她的綜合評估如下：「我在證交會的時候，除了參與不同抽樣團體，還有參考調查研究，想看看誰了解這些議題，結果是幾乎沒有人了解。」

蘇姗的看法獲得實證支持。理財決策過程的關鍵因素之一，就是評估儲蓄或債務的長期變化。我們今天的決定端視自己對未來的期盼：現在開始存錢，因爲覺得可以備不時之需；

願意背房貸或車貸，因爲覺得可以在合理期限內繳清。當變化固定時，一般人通常能輕易思考數量的改變，我們稱作線性變化，因爲在圖表上可以畫成直線。假設你每個月把二十塊藏到床底下，一年後就會有兩百四十塊（每個月的金額呈線性成長）。但是，金融工具的變化多半非屬線性，大衆通常對此百思不解，導致錯誤的理財決策。

儲蓄行爲就是很好的例子。大衆存的錢往往不夠，開始存錢卻又爲時已晚，這背後的原因有很多，但一大因素就是不了解複利的威力。儲蓄帳戶賺取利息時，利息會根據存款累積，存款金額也就不斷增加；而存款金額上升後，利息就會變多，到頭來存款金額當然增加更多。幾年後，複利眞的能發揮加乘效果，可是大衆往往不了解這點，常把儲蓄成長視爲線性變化。加州大學聖地牙哥分校心理學家克雷格．麥肯錫（Craig McKenzie）與美林財富管理公司行爲金融主管麥克．里爾施（Michael Liersch）進行了一項研究，受訪者要回答下面的問題：

> 假設你每月將四百美元存到退休儲蓄帳戶，年利率一〇%。在完全不提錢出來的情況下，請算出經過下列時間後，帳戶內含利息的存款金額：十年、二十年、三十年與四十年。

你覺得答案是多少？受訪者猜測四十年後的存款中位數爲二十二萬三千美元，但正確答案是將近兩百五十萬美元。這就是複利的威力與及早定額儲蓄的價值。

以下是線性思考誤解金融的另一個例子。你有沒有背過卡債呢？若有的話，你大概每個月都會收到帳單，然後要決定當月要還多少錢。帳單上有個項目是最低應繳金額，只要支付該筆金額就不會影響信用分數。許多人都會採取這個選項。不妨思考一下，假使你只繳最低金額，總共要多久才能還清卡債。

杜克大學管理學教授傑克·索爾（Jack Soll）與同仁所作的研究指出，你很可能沒弄清楚該問題非線性的本質，因此大幅低估了還債所需的時間。假設你最初的卡債爲一萬美元，年利率爲一二％，你決定每個月支付一百一十美元，請問要多久才能還清卡債？答案可能出乎你意料：兩百一十四個月，即超過二十年。我們這就算給你看：第一個月的一百一十美元支付了一百美元的貸款利息（年利息一千兩百美元的十二分之一）與本金的十美元；第二個月的算法類似，但本金比上個月略低，利息當然也略低。實際上，你的繳款金額僅略高於利息，就會把還債時程拖得很長。你償還本金的金額愈接近零，還債時程就愈趨近無限；只要你提升本金償還金額，還債時程就會大幅縮減。每個月只要多還十美元，即增加到一百二十美元，你就會提早五年擺脫債務。

兩百四十一個月雖然是很長一段時間，但至少比無限還債時程來得短。二〇〇三年之前，信用卡公司可以把最低應繳金額壓得極低，結果呢？許多人只付最低應繳金額，有時連當月利息都還不清，因此無限期被卡債追著跑，有時還會繼續增加卡債！許多人是善良卡戶但不懂非線性函數，想必認爲明明上個月「乖乖還錢」了，這個月居然又收到同樣的帳單，心想眞是豈有此理。

二〇〇三年，美國國會通過法案，要求信用卡公司設定的最低應繳金額，必須讓客戶能在「合理期間」還清卡債。銀行設定依據不同原則選擇最低金額。舉例來說，大通銀行規定，最低應繳金額必須包括利息與至少一％的本金。

房貸是另一個難懂的非線性例子。房貸月繳金額在還款期間（一般是十五或三十年）通常不變，部分金額支付利息、部分金額支付本金。更長的還債時程則需要調低月繳金額，每月本金還得較少，代表下個月剩餘本金產生的利息就會增加。假設你的房貸爲二十五萬美元，利率爲五％。若你的房貸是十五年，最後付給銀行的本利總和爲三十五萬五千美元，二十五萬美元是房貸本身，十萬五千美元是利息。假如你選擇三十年的房貸，就要付銀行四十八萬三千美元，其中二十三萬三千美元是利息，等於十五年房貸利息的兩倍以上。在實際情況中，兩者差距可能更大，因爲你通常會拿到較佳利率，還款時程也會較短。許多人看到前述金額差距都大吃一驚，因爲這也是屬於非線性問題。許多背房貸的人並不懂其中原理，傾向選擇簡單直觀的方法，像是壓低每月應繳金額。

「差不多」與「細節控」

淺薄的理解不只反映在理財決策上。一般人買東西都不在意細節。假設你走進商店找OK繃，看到架上有盒OK繃主打一項新特色：

敷料中的氣泡加速傷口癒合。

你願意多付點錢買這盒嗎？說不定願意，但你也許會心想：這些氣泡怎麼幫助癒合？若你看到多點說明，可能就會更相信廣告，多花上幾塊錢購買。其實，幾乎所有人都希望看到多一點說明。我們把以下細節加進廣告中，消費者的好感度隨之提升：

敷料中的氣泡增加傷口周圍空氣流通，可以殺死細菌，加速傷口癒合。

消費者看到氣泡的功用，就會以爲自己理解其中因果。不過，這項說明其實十分淺薄，沒說清楚氣泡如何增加空氣循環，或爲何空氣循環會殺死細菌。實際上，多數人並不想知道這些問題的答案。我們把更多細節加進廣告中，結果如下：

氣泡能讓敷料與傷口保持距離，促進空氣流通。空氣中的氧氣會阻礙細菌新陳代謝，進而殺死細菌、加速傷口癒合。

多數人對該盒OK繃的好感度反而下降。因果關係的說明太過詳細，只會讓他們失去興趣。

我們做決定時多半是差不多就好，很像故事《三隻熊》裡的小女孩，希望說明的細節不多也不少。實際上，我們的朋友裡都有些人純屬例外。他們在選擇前會先努力熟悉所有細節，花上好幾天閱讀找得到的資料，掌握關於新技術的一切知識。我們把這些人稱作細節控。

如何說明差不多與細節控的差異呢？答案是第四章討論過的認知反思。認知反思測驗分數高的受試者，因爲會仔細思考自己的理解，較不容易被陷阱題所騙。同樣地，懂得反思的受試者，對於說明的標準較高，不會滿意上述前兩項淺薄的說明，希望知道更多資訊。但大部分的人都是差不多先生，不必看到詳細的說明就滿足了。太多細節只會讓產品看起來更複雜，誰曉得細菌的新陳代謝跟買不買ＯＫ繃有關呢？又有誰會在意呢？

那要當差不多先生還是細節控呢？其實沒有標準答案，兩者各有利弊。世界太過複雜，不可能無所不知。耗費大量時間精通瑣碎的細節，像細節控那樣，可能只是白忙一場。此外，細節控通常也僅限個人專業領域，例如居家用品、經典車款或音響設備，遇到不在意的事物，就會成爲差不多先生了。

消費市場很會利用一般人對細節的排斥。大部分的廣告說明都模稜兩可，往往運用某個引起共鳴的角色吸引消費者注意（像是平凡的建築工人），或某個消費者想成爲的榜樣（像是帶性暗示眼神的猛男），再搭配語意模糊的字眼指出產品會改善生活，以規避廣告不實的嫌疑。在一則抗憂鬱藥物的電視廣告中，五秒提到臨床試驗證實的好處，五十五秒都在說良好的副作用，背景畫面則是某個鄰家女孩看到光明，從生活中的小事重拾快樂。另一則電視廣告只提到藥物「有益」，其餘四十五秒是可能副作用，背景畫面同樣是找回人生的女性，只不過這次換成中年婦女。無論如何，這都比只有俊男美女暢飲的啤酒廣告有內容多了。

肌膚保養則是業界利用這點的誇張例子。美容保養品公司賺錢的方法就是把一小罐面霜高貴賣給消費者，宣稱能「修復DNA」或「讓你看起來年輕二十歲」，卻缺乏臨床實驗的佐證。他們怎麼逃避責任呢？運用僞科學術語來包裝模稜兩可的證據。僞科學儼然促成一整個產業的崛起。「肌膚科學診所」提供看似厲害的技術，例如吸睛的顯像設備與「膚色分析軟體」，實則缺乏具臨床價值的證據，全都是產品行銷伎倆。

就某方面來說，我們容易被廣告誤導和輕信膚淺的說明，其實是必然的事。我們很多決定都需要推論世界如何運作：我們要猜測哪種減肥方法最有效，哪款輪胎最適合雪地或哪項投資標的可以存些退休金。世界複雜得令人自覺渺小，我們所面臨的決定種類又太過廣泛，任何人都無法熟知所有細節。假如我們每次想買盒OK繃，都要研究細菌的新陳代謝機制，可能等到傷口潰爛都還下不了決定。所以，我們多半會買看起來不錯的產品，幸好多半也都安然無事。

狂塞資訊並非解方

面對消費者的膚淺決策，常見的反應就是透過教育減少無知，期盼提供大衆正確知識後，他們就會作出明智的決定。

這項方法早已經過多次實驗，設法改善一般人的理財決策，因爲這些通常是重大的人生決定，像是買房子、存退休金、繳大學學費等。有鑑於我們的社會如此富足，居然還有這麼多人的理財生活一塌糊塗。以下這項可怕的統計數字，充分反映出許多美國家庭的經濟體質脆弱不已：調查顯示，只有四分之一的美國家庭，有信心能在三十天內拿出兩千美元。萬一發生意外事故或重大疾病，或一家之主遭公司資遣，全家人該何去何從呢？可怕的統計數字還不只一項：接近退休年齡的美國家庭，平均儲蓄只夠他們撐過三年。很明顯，那點錢連足夠都稱不上。

世界各國政府與倡議團體爲了解決此問題，砸下數十億美元規畫理財教育課程，至今還在原地踏步。二〇一四年，至少有兩百零一件研究案，探討理財教育如何影響正向理財行爲，像是存退休金、備妥緊急基金、避免跳票與卡債、提升信用能力等。這些教育課程幾乎沒有產生影響，僅有的一點點成效，課程結束數月內就消失殆盡。這不免讓人想起第八章中，許多學者基於資訊不足理論，設法要提升大眾的科學素養，結果都是失敗收場。

我們認為，這些人的努力方向有誤：他們把決策的重擔放在個人身上。做決定的是個人，因此個人必須受教育以做出明智決定，若結果失敗了，個人就得承擔責任。

但是，這正是本書中一再見到的錯誤推論。個人的決定並非全靠自己，構思並提出選項的是別人，給予建議的也是別人。另外，大眾也會模仿別人所做的決定（譬如，股神巴菲特買了一檔股票，許多人絕對一窩蜂跟隨）。我們應該要從群體的角度來思考決策過程，決策所需知識不僅在個人腦袋裡，更大幅仰賴著知識共同體的資源。

不過，誤導大眾的言論與膚淺的說明同樣仰賴著知識共同體。這些說法之所以奏效，是因為我們習慣藉由別人幫忙思考。稍微探索一下知識共同體，我們常就覺得自己懂了，至少有足夠資訊來做決定。結果，我們更容易受產品噱頭所引誘，不管是否有具體說明能證實產品真的有益。標有「天然」或「有機」等詞語的產品，並不真的比同類產品來得天然或有機，卻已帶來誤導消費者的效果。同理可證，這年頭無麩質食物早被神格化，就連本來就沒麩質的食品也貼上「無麩質」標籤。而又有多少人曉得添加「益生菌」的保健食品是否真有好處呢？

一般人有時察覺不到，自己未能認清知識共同體的角色。我們隨便走進一家超市，面對數百件複雜的商品選項，上頭印著密密麻麻的術語，可能會眼花撩亂到放棄。

經濟學上有個謎團稱作「年金悖論」（annuity paradox）。其中一類年金就好比保險政策。你預先支付一大筆金額，後半輩子每個月就有固定收入，多寡主要取決於你當初支付的金額，以及開始領退休金的年齡。許多經濟學家認爲，年金是很划算的投資，但很少人願意買單。衆多研究都設法說明爲何消費者不受年金吸引，原因之一就是消費者不清楚年金的運作機制。

我們在一項跟科羅拉多大學合作的研究中，找來一群屆齡退休的受試者進實驗室，請他們閱讀電腦螢幕上的年金說明手冊。我們運用了叫作眼動儀的裝置，追蹤受試者在手冊上的目光。爲了模擬日常生活中讓人分心的事物，我們在螢幕另一邊安排了不同內容的網頁輪動，想了解受試者分心的頻率有多高。其中一組受試者讀的是某間大型金融顧問公司提供的眞正手冊，另一組則是讀精簡過的版本，刪除了許多的細節。

假如你讀過標準年金手冊，很可能料得到實驗結果。手冊內容冗長（共有二十一頁），充斥專業術語，還有一堆令人卻步的統計數字。從眼動儀記錄的軌跡，只能說結果令人感嘆：受試者起初很努力保持專心，花大量時間閱讀手冊前幾頁內容，幾乎沒瞄另一邊的網頁。但時間一久，他們的專注力開始動搖，最後根本完全失守。翻到手冊最後幾頁，他們幾乎沒在看內容，眼神不斷飄到旁邊的網頁。閱讀精簡版的受試者表現好很多，可是到了後半也撐得很辛苦。

你很難去責怪受試者偷懶或無知，畢竟他們真的想保持專心，吸收年金資訊，但卻無法集中注意力。

這個現象不僅限於年金而已。我們兩位作者之一，最近收到一封前公司寄來的信，以下是部分內容：

您共計在本公司服務五年，由本公司代提撥之退休金，百分百皆歸您所有，即提撥金額中有〇%會被收回，該筆金額會在您未提供任何服務至少一年後，從您原先帳戶中扣除。該筆金額之扣除將於近期執行。請注意，上述服務包括領取在學期間薪資之服務與領取一般薪資之服務。服務年資之計算不必然等於實際日曆年。

接下來兩段內容也差不多。你知道這封信在說什麼嗎？我們有看沒有懂。當然，我們也可以想辦法搞懂，但最後就像大部分人一樣：把信揉成一團，丟到垃圾桶裡，就轉頭去忙更要緊的事了。希望日後不會發現自己鑄下大錯。

我們平時遇到的這類法律術語，多半反映法律專家不懂知識共同體對決策的影響。這些專家覺得大衆必定跟他們一樣，可以理解這些專業內容。這就是知識的詛咒，也是成爲知識共同體一員的必然結果——無法區分畫清自己與他人具備的知識。

另外，大部分的人都是差不多先生，不想了解太多細節。在日常生活中，我們常常面臨自己不太理解的狀況，有時甚至不明白自己認知有缺陷。即使察覺此事，我們也往往覺得無所謂，不然就是拉不下臉求助。

蜂群經濟

金融決策最能反映知識共同體的重要性，因爲金融資產的基本價值仰賴著知識共同體。經濟制度複雜得令人咋舌（所以經濟學有時叫作「鬱悶的科學」）。多數人只有最淺薄的經濟學知識，但經濟制度依然運作得頗爲順暢，正是因爲經濟靠的不是個人的理解，而是需要每個人盡好本分。經濟是蜂群思維的絕佳例子，由無數個人的思維互相配合，維繫整個龐雜系統的運作。秘魯經濟學家厄南多．索托（Hernando de Soto）針對經濟體的基礎曾說過這番話：「記住，你之所以有權掌控特定資產，不是因爲你的腦袋好，而是別人也考慮到你的權利。所有人都需要彼此的協助，才能保護、掌控自己的資產。」

我們在第八章中，提到群體的信念影響力強大，足以讓聰明人相信很離譜的事。不過，這些信念的力量有其侷限，離譜的事不會因爲一堆人相信就成眞。即使全世界的人都相信地球是平的，地球也不會變成平的。經濟則是另一回事。

密克羅尼西亞有座叫雅浦的小島，當地居民使用拉伊石作爲貨幣。拉伊石狀似甜甜圈，成分爲石灰岩，直徑可達十二英寸，重量可達好幾噸。有些拉伊石太過巨大，即使換了個主人，也沒人會想移動它。於是，該石就繼續待在原處，但所有人都知道它有了新主人。據說，某次有個巨大的拉伊石從獨木舟滾落、沉到海底，就此消失無蹤，卻依然無損其價值，持續被拿來交易。雅浦人雖然看不到它，但推測它必定還在海中。

這件事在我們聽起來，當然覺得很不可思議。一塊躺在海底的巨石，哪會有什麼價值可言呢？但奇怪的並非雅浦人的貨幣制度，而是所有經濟制度的共同本質。一九三〇年代之前，美國經濟也是以看不見的貨幣爲基礎，只是成分不是石灰岩而是黃金，藏在諾克斯堡金庫而非海底，但兩者有明顯的相似之處。

現今，我們不再依循黃金標準制度，但原則依然適用：你口袋裡的鈔票之所以值錢，是因爲別人相信它的價值。假如大家忽然集體失憶，忘記鈔票的眞正意義，那鈔票的用途大概只剩生火了，還提供不了多少燃料。金錢之所以有價值，是因為群體相信它有價值，也就是取決一種社會契約。有人可能會願意用巧克力之類的物品，跟你交換那張鈔票，但那人之所以願意這麼做，是因為相信別人會用其他物品來換鈔票；同理可證，那些人之所以願意交換，也是因為曉得可以換得其他物品。金錢的價值來自願意與之交易的群體。由此可見，即使是個人本位的金錢，也得仰賴知識共同體的存在。

這可不是抽象的學術概念。經濟的優劣建立於社會信念之上。十七世紀時，荷蘭人相信鬱金香球莖可以致富，當時一顆球莖的價格，動輒超過中產階級家庭年收入的好幾倍。荷蘭人不再相信此事時，鬱金香市場就一夕崩盤了。泡沫經濟多半長得差不多。二〇〇八年金融風暴發生前，民眾相信房市看漲、想藉機大撈一筆，導致房價不斷飛漲。而讓情況更加嚴峻的是，許多屋主利用指數型房貸等複雜金融工具，購買自己負擔不起的房子。對大部分的人來說，購買房貸堪稱最為重大的理財決定，但我們先前也見到，一般人連簡單房貸都搞不清楚，更何況是次級房貸。我們相信自己不必了解細節，反正有知識共同體在背後撐腰。我們真的需要了解細節可以請教專家；多虧了別人所做的研究，市場上最佳金融商品會浮上檯面；另外，還有相關法律，理應可以保護我們這類財經門外漢。整個知識共同體容易給人錯覺，誤以為自己真有深刻理解，因而產生自信做出複雜的決定。

正如經濟仰賴的是認知勞力分工，家庭也會分配理財的認知勞力。許多人會刻意忽略日常生活中的財經消息。德州大學心理學家艾卓安・渥德（Adrian Ward）主持的研究中，觀察伴侶之間如何分攤理財決策的責任，結果頗爲發人深省。渥德詢問每對受訪伴侶交往多久、彼此分攤多少理財決策。再來，研究人員實施財經問題小考，評估這些伴侶的財經素養。結果在意料之中，平時負責較多理財決策的人，隨著交往時間愈久，財經素養分數愈高，也就是熟能生巧。令人意外的是，毋需負責理財決策的人，財經素養分數會隨交往時間降低，明顯反映了「不用則忘」的道理。渥德表示，這些研究所帶來最大的收穫是，認知勞力分工影響學習內容，結果讓人更難改變原有的角色。「對我來說整件事的脈絡就是，對他人的依賴會影響專注力，進而影響學習與知識，再影響決策和最後的結果……如果財經知識貧乏卻肩負理財責任，你就會留意環境中財經相關資訊，進而提升這方面的知識。如果你卸下了這份責任，就根本不會留意相關消息。」

我們認爲，社會大衆即使缺乏深刻理解，還是會持續做出各種決定，包括影響深遠的決定。那要如何幫大衆做出較爲明智的抉擇呢？

輕推一把，決策加分

芝加哥大學經濟學家理查・塞勒（Richard Thaler，二〇一七年諾貝爾經濟學獎得主）與哈佛法律學者凱斯・桑思汀（Cass Sunstein）發展出一套哲學，叫作「自由意志家長制」（libertarian paternalism）。名字有點拗口，但是理念簡單又吸睛。兩人的主要看法爲，我們有時會做出差強人意的決定，有時會做出無助達標的選擇，這類例子不勝枚舉：我們買了大披薩而非沙拉，結果一離開餐廳就感到後悔；我們決定跟外表滿分但沒幽默感的天菜約會，卻連約會還沒結束就開始後悔；我們買了十年前才穿得下的褲子，只因爲沒準備好面對發福的自己；我們認爲自己住得很近，所以就算喝醉了也不叫計程車；又或者我們相信器官捐贈的理念，也願意成爲器官捐贈人，卻一直沒找時間簽名同意，因此萬一不幸發生意外，我們就無法捐贈器官了。上述每個例子都很符合人性——後悔自己衝動下的選擇，早知如此何必當初。

信奉自由意志家長制的學者，主張行爲科學可以成爲善的力量，並用來改善我們的決策。行爲科學可以找出後悔當初決定的原因，進而改善決策過程，以期做出更好的決定。這樣的作法稱爲「推力法則」（nudge），行爲科學可不留痕跡地影響決定，藉此更加符合內心眞實的渴望。在上述誤點披薩的例子中，可以施加的推力就是調整選擇順序，讓人可以先選沙拉、再選是否要披薩。選擇食物的順序可大幅影響民衆的決定，像在自助餐廳排隊時先出現的食物，往往比晚出現時更容易被人拿走。鼓勵器官捐贈的可能推力，就是立法讓國民天生就是捐贈人。你可以選擇不捐贈，但需採取一些行動。最簡單的方式就是改變制度，不必在駕照背面簽名就可當捐贈人，若有特意簽名才不必當捐贈人。這項改變帶來重大成果，大幅提升捐贈人的數量。採取得主動選擇退出的作法，也提升了許多計畫的參與率。美國勞動部爲了提升退休儲蓄，也開始鼓勵小企業規畫退休方案，並且把員工自動納入方案。

推力符合自由意志，因爲這並無減損個人的選擇能力。沒人會眞的阻止你吃披薩，或逼你一定要器官捐贈，不過這類方式又有家長制的味道，因爲是由別人決定要鼓勵哪些選擇，像是把披薩擺在較後面出現，好增加你選擇沙拉的機率。支持這類家長制的論點是，無論如何都要做出選擇，自助餐廳食物必定有先有後，那何不把一般人在理性思考後喜歡的選項擺在前頭呢？

推力帶來的最大課題是：改變環境比改變個人更加容易又有成效。一旦我們明白哪些認知怪癖會刺激行爲，就可以設計出適合的環境，讓那些怪癖成爲我們的助力。

我們可以將這項法則應用在知識共同體的決策上。我們必須正視大衆多半不求甚解，既沒意願也沒能力熟稔決定前的所有細節，即使如此，我們仍可以營造適合的環境，就算缺乏通盤的理解，依然可以提升決策的品質。

解決方法一：難度要降低

我們的財經知識多半存於知識共同體而非個人所有，因此對於一般人所能容忍的複雜度，我們必須大幅降低原本的期待。每個人得有機會去認識、評估產品後，再自己做出決定，但前提是得有必要資源，才能吸收決策相關的資訊。在美國的布告欄網站 Reddit 上，你可以找到「解釋給五歲小孩聽」（Explain Like I'm 5）的論壇，網友會貼上各類問題，主題通常很困難，可能是分子物理學或金融學，論壇成員就會努力用淺白的方式說明。這個論壇人氣旺盛，代表凡是簡單易懂的說明，我們就能樂在其中，也凸顯出日常生活少有這類深入淺出的說明。

解決方法二：原則要簡單

提倡「自由意志家長制」的學者之一理查．塞勒不斷思考著理財決策過程，他也同意讓人熟悉財經議題不太可能奏效。金融世界太過複雜，而人類能力太過有限。他認爲，與其努力教育大眾，不如給他們實用的簡單原則，毋需知識或努力就能實踐，像是「愈早投資退休計畫愈好」「收入一五%要存起來」「五十歲後要申請十五年的房貸」等。

這當然是很棒的出發點，但我們碰到的難題是群眾不太遵守原則。假設有名五十歲的中年人要申請房貸，打算按照塞勒的原則，但看到三十年的房貸超級划算，仲介一再向保證這機會千載難逢，眼見機不可失，一切原則都拋諸腦後了。

如果決策原則附上簡短扼要的說明，讓人了解不同原則的優點，說不定就會更加有效。無論是多角經營的益處、複利的威力或核心理財法則，只要產生正確的直覺，可能會讓人更想加以實踐，並且持之以恆。

解決方法三：教育要及時

以下是另一項理念。消費者理財決策研究中心主任約翰．林區（John G. Lynch Jr.）就主張「及時」財經教育——有需要時再提供資訊，教高中生理債和儲蓄的基本概念眞的不太實用。我們也在本書也不斷強調，一般人記得細節的能力奇差無比，等到高中生面臨重大理財決策時，可能早把複利或資產多角化的觀念忘得一乾二淨。所謂教育要及時，就是趁資訊仍鮮明時，學生有機會現學現賣，提升眞正記住的機率。

林區運用很棒的例子來說明這點。被資遣固然是很悲慘的經驗，但更慘的是會讓人做出錯誤的理財決策。舉例來說，被資遣員工可能會從退休帳戶提錢，以支應失業期間的一切開銷，或把錢存到不同的投資帳戶中。問題在於，多數人都不了解這個決定牽涉的層面有多廣。從退休帳戶提錢卻未存回，存戶會被銀行罰款，還會引發各種稅務麻煩。更糟的是，多數人失業後常被金融顧問公司騷擾，林區稱他們爲「禿鷹」——要他們購買昂貴又劣質的投資工具。林區表示，解決之道就是資遣當下便得提供教育，教導他們列出所有選項，分析每個選項的利弊。

及時教育可以應用於許多複雜的決策上。舉例來說，新手父母不斷接收許多跟寶寶有關的保健資訊。本書作者之一回憶，有次太太還躺在床上陣痛時，他就得決定是否要花錢儲存臍帶血。若你還沒有生過小孩（或也許你生過了），很可能不曉得什麼是臍帶血，或為何要把它存起來。只要及時說明新生兒各個面向的健康資訊，準新手父母就能從中受惠。

解決方法四：認知要檢視

這些都是社會帶給個人的幫助。那個人要如何自助呢？首先，我們得意識到自己不求甚解的傾向。想在決定前熟知所有細節，是不切實際的妄想，但至少要察覺自身理解的不足。假如決定本身很重要，我們也許能蒐集更多資訊，切勿衝動選擇，以免日後懊悔。

在前一章中，我們曉得眞正的理解需要「知己所不知」，才能讓自己在需要時獲得協助、塡補知識上的漏洞，還能並且讓自己腳踏實地，避免讓知識的傲慢主宰重大決策。無論是個人信用、購買房子、未來配偶或紅色跑車，先曉得自己的無知後，才能獲得眞正專家的中肯建議，而不會因錯誤決定遭人利用。

在金融業中，知己所不知甚至可讓你成爲更優秀的投資人。對沖基金橋水投資創辦人暨投資長雷．達利歐（Ray Dalio）提出以下建議：「我的成功來自於直面自己的無知，找尋自己可能出錯的盲點。我很喜歡意見不同的人，我從他們的眼神就看得出來，然後就可以藉機思考，這是對的還是錯的呢？這樣的學習經驗讓我收穫良多，進而做出更好的決定。所以，處理自己的無知比已知來得有效多了。」藉由知己所不知，達利歐學會利用知識共同體的力量，而事實證明這項策略大爲成功，橋水投資目前是全球最大的對沖基金。我們在做任何決定時，他的這項建議都會相當受用。

結語
審視無知與假象

每當學者專家遇到違反自己既定觀念的新想法，通常會依序出現三個反應：先是刻意無視，再來是拒絕接受，最後才說理應如此。學者發覺自己的世界觀遭到質疑時，直覺反應就是予以忽略，認爲不值得花時間關注。假如這個方法沒用，在群衆壓力下不得不面對，這些學者就會找理由駁斥，畢竟他們最會找理由反對了。最後，假如該想法實在厲害得難以反駁、持續在社會中發酵，學者就會找藉口說自己早就曉得，因爲該想法不證自明。

我們希望，你不必多加思考就認爲本書的主張不證自明。相較於世界上浩瀚的知識，個人的無知難道不夠明顯嗎？畢竟世界實在太過複雜，資訊多到吸收不完。我們居然以爲自己懂得很多，這種心態才更奇怪。但你也許早就隱約察覺自己的無知，像是以爲知道某個問題的答案，結果卻說不出所以然，就應該顯而易見了。思考就是行動的延伸，這項主張自不待言，我們認爲推理主要靠因果，其實也不算驚人之語，畢竟涵蓋的範圍實在太廣。我們活在知識共同體中這項事實，也不算翻天覆地的新發現：每當你向人請教問題，就是在仰賴他人的知識。本書討論的所有影響與細節，當然不是那麼顯而易見，但主要的觀念其實符合多數人的看法。我們已在本書中指出，這些觀念早已存在許久，沒有任何一項違背常識。

爲何本書要講大家早知道的事呢？既然我們覺得這些觀念對讀者了無新意，爲何還要提出呢？

因爲唯有你認眞思考時，才會覺得這些觀念都很基本；若你不去思考，在日常生活時也沒有察覺這些觀念，你的想法就會很不一樣。一般人往往活在理解的假象中，焦點擺在特定的個人身上，注意這些人的權力、才華、技能和成就，而未能正視所有人都是知識共同體的成員。更糟的是，我們做出的決定，無論是生活中大小決定，或關於社會結構的決定，都經常高估自己的知識，也未認清多少知識仰賴著他人。我們看過太多例子了，像是飲食的選擇、退休金的投資管道、投票的方式、支持哪個政治立場、如何跟科技互動、如何選擇員工、如何教養小孩等。光是知道並不夠，還要意識到此事，藉此做出攸關個人與社會的決定。

本書有三個主軸：無知、理解的假象與知識共同體。我們很清楚，本書討論所帶來的課題並不容易，而且絕非可以從此減少無知、快樂地生活、消除所有假象。相反地，無知難以避免、快樂因人而異，而假象也會一直存在。

我們要不計代價避免無知嗎？

無知當然不是福氣，但也不見得就是悲劇。對人類來說，無知難以避免，我們生來如此。世界的複雜並非個人所能駕馭。儘管無知令人備感挫折，問題並非出在無知本身，而是未能正視無知而惹上麻煩。

心理學家大衛．鄧寧（David Dunning）畢生都在康乃爾大學任教，他深深震懾於日常生活與科學調查中所見的無知，並將大部分的觀察都記錄下來。眞正令鄧寧吃驚的不是人的無知，而是無知的人缺乏自知之明。他特別指出：「我們搞不太清楚自己不懂哪些事。」

根據鄧寧所言，問題出在評估自己所知的唯一方法，就是透過自身具備的知識。你的開車技術如何？假如你很懂開車的話，也許就能合理判斷自己的技術，知道開車需要哪些能力，以及目前你掌握了多少能力。假如你開車技術很糟，不但自己缺乏相關能力，也不知道究竟需要哪些能力，所以會高估自己的技術。假設你過去二十年來都在郊區開車，可能會以爲自己是超厲害的駕駛，因爲你不知道有些人也能在市中心開車、在緊急情況時開車、在各種天候中開車、在泥巴地或冰上，或甚至沙灘上開車。相較於這些開車經驗豐富的駕駛，你的開車技術可能只是幼幼班。眞正的專業是具備熟悉某領域的能力與知識，無知則代表兩者皆無。

這樣的現象可以說明所謂的鄧寧—克魯格效應（Dunning-Kruger effect），表現最差的人最容易高估自己的能力。研究人員之所以發現這個效應，是因爲當初指派一項任務給一群人，再請他們各自評價自己的表現。結果，表現差的受試者會高估自己，表現好的受試者則低估自己。無論在心理學實驗室或各種眞實情境中（包括學生、上班族和醫生），學者都多次觀察到這個效應。根據鄧寧蒐集的大量資料顯示，原因是缺乏能力的人，並未認知到自己所缺乏的能力，所以就以爲自己好厲害。眞正具備能力的人視角通常較爲宏觀，知道自己哪些能力有待加強。

缺乏能力的人渾然不知自己的不足。根據鄧寧的看法，這件事不可等閒視之，因爲我們在大部分的生活領域都缺乏足夠能力：

> 整體而言，我們的無知默默形塑著每天的生活。簡單說，一般人傾向從事自己熟知的事，不會去做自己沒概念的事。如此一來，無知便深刻影響了我們採取的人生道路……許多人未能充分發揮身爲專業人士、情人或父母的潛力，只因爲沒察覺潛在的可能。

這就是人生的現實面。我們無法做出自己不了解的選擇。大部分時候，這其實不成問題。假如我們不知道迪士尼樂園的存在，就不會想念裡頭的遊樂設施；正是因爲知道其動人心弦的魅力，我們才會如此想念。因此，中樂透可能反而造成負擔，一旦嘗得得獎的甜頭後，我們就回不去無知的狀態了。這也可以當成遠離成癮性藥物，而對口袋不深的我們來說，這也是避免昂貴消費產品的最佳論點。你知道得愈少，就愈不會想念，自然也就愈快樂。

但無知是有代價的。若我們對節育毫無認識，就不會知道避孕措施。若我們不曉得鄰居有家暴，就不會採取行動設法阻止。若我們不清楚孩子即將落入險境，災難可能就會發生。

成爲更加明理的衆人

部分東方哲學家鼓勵信衆認清自己的無知：接納自己的不足、尊重別人的知識。部分傳統甚至進一步鼓勵大家感激他人所知。我們把此當成認知科學的課題。我們個人所學所想都有侷限，想要完成更偉大的成就，我們就需要衆人的力量。追根究柢，就思考方式來說，我們是命運共同體。

智慧存在於衆人之中，不屬於任何個人。因此，藉助群衆智慧的決策過程，相較於仰賴個人無知的過程，獲得更好結果的機會才大。英明的領導者就知道如何鼓舞群衆、善用其中蘊藏的知識，並懂得把責任下放給專業人士。

儘管身處衆人之中，我們必須爲自己的決定負責。別人也可能犯錯，有時群衆會達成極端又不理智的共識。一般人可能會欺騙自己，團體之間也可能彼此欺瞞，否則我們就不會看到邪教領袖走火入魔，最後發生匪夷所思的慘劇。一九七八年在南美洲蓋亞那瓊斯鎮，吉姆．瓊斯所創立的人民聖殿教就是一例。衆教徒先是開槍攻擊美國國會議員李歐．萊恩率領的調查小組，導致該議員死亡，隨後服用摻氫化物的飲料集體自殺，總計有九百零九名男女與孩童死亡。幸好，這類慘案極爲罕見，但仍然不時發生。一九九三年，大衛．柯瑞許創立的大衛教派跟美國聯邦調查局發生衝突，最後柯瑞許與七十九名教徒葬身火窟；一九九七年，三十九名天堂之門教徒服毒自殺，因爲他們相信這樣就能搭乘跟在海爾—博普彗星後頭的太空船。這些邪教都發展出瘋狂的信仰，最終自取滅亡。群體可能對人的信念、決定與行爲慢慢產生有害的影響。

因此，我們並非鼓吹盲目追隨群體的信仰或專家的見解。信念得伴隨著理性的懷疑，並且留意那些招搖撞騙的人士，或自信滿滿卻以訛傳訛的人士。如果你所屬的群體提出有害的建議，你就有責任拒絕接受。納粹集中營的守衛雖然只是執行命令，但依然有法律責任；恐怖分子雖然隸屬特定意識形態的團體，同樣也難辭其咎。

不過，我們大多數人都有選擇的自由，加入盡力不散布錯誤消息與謊言的群體。社會已有長足的進步，因爲大部分的人往往都願意彼此配合。我們都希望身旁的朋友有幾分把握說幾分話，眞的不確定時直說無妨，而我們多半都能交到這種朋友，基本上都能相信平時來往的人，因此才有辦法在群體中生活。

審視假象

我們每天都與假象共存，誤以爲自己對事物有所了解。不過，這個假象眞的有必要去除嗎？我們應該盡可能追求眞實的信仰與目標嗎？這就如同電影《駭客任務》中基努李維飾演的尼歐所面臨的抉擇：服下紅色藥丸活在現實世界中，或服下藍色藥丸留在虛幻的假象裡。假如他選擇紅色藥丸，就得面對現實世界的痛苦與悲傷，以及主宰一切的機器人；假如他選擇藍色藥丸，就會回到人類的集體幻覺中。

藉由避免假象，你可以提高認知的準確率，就會知道自己知識的侷限，最終有助自己達成目標。你不會接下超出自己能力的計畫，也較不容易讓他人失望，因爲更有能力兌現承諾。

但假象帶來愉悅感。社會上不少人刻意讓生活充滿了假象，像是沉浸在明擺著是虛構的世界中，或開心地做著白日夢，享受之餘也能提升創意。假象可以刺激我們想像不同的世界、目標與結果，藉此交出創意獨具的成果；假象也可以提供動力，讓我們能勇於嘗試。難道這有錯嗎？我們眞的應該儘量消除假象嗎？

本書作者之一史蒂芬有兩名女兒，姑且稱她們爲S和L。L的知識豐富，很清楚自己具備哪些能力，甚至知道自己不足之處，我們說她處於「調整過」的狀態，意思是像校正過的體重計一樣，可以告訴你眞實的體重。相較之下，S就沒經過調整，努力想理解所有事，雖然知識也很豐富，卻以爲自己懂得更多。就跟多數人一樣，她活在理解的假象中。

L是樂天又心態健全的人，說話流露一定的自信。她可以詳述自己知道的事，也知道何時該閉上嘴巴或直接說「我不知道」。她追求著務實的目標，也往往都能達標。她給人沉穩自若的感覺（雖然不知道她心裡在想什麼）。她挑自己有興趣的書來讀，還有一些休閒嗜好，但主要著重於精進她的專業。

S也心態健全，只是不像L那麼樂天。她並未清楚區分自己與他人的專業，思考常超出自己的知識領域。她有許多遠大的夢想、想解決艱鉅的問題，拚了命想實現這些夢想，也確實有許許多多的成就。不過，由於她眼光放太遠，因此往往對成果很失望，現實鮮少符合她高度的期待，也就比L更容易感到沮喪。S也博覽群書，樂意與人討論任何主題，學習是她最大的樂趣。她也有幾項嗜好，總是全力以赴。

調整過的L和較未調整的S，誰是較好的榜樣呢？對父親來說，答案當然是兩個女兒都很完美。這點其實也沒錯。活在理解的假象中確實有其陷阱，本書提到的後果包括戰爭、核子事故、政治僵局、拒斥科學、缺乏公平等。但是，本書也指出，假象源自人類心智的一大特色。知識的假象是活在知識共同體伴隨的結果，因爲我們無法區分自己與他人腦袋中的知識，因爲就認知上來說，我們是一個團隊。你不必靠假象來成爲團隊的一員，但會出現假象就代表已在團隊之中。

活在知識假象中的人，對於自己所知常太有自信。這也有些好處。首先，這會創造嶄新的可能，讓人有力量做出大膽的宣言、採取大膽的行動。一九六一年，美國前總統甘迺迪逕行預測美國在十年內會平安登陸月球，這話分明是源自於傲慢，說是妄想也不爲過，可是奇蹟發生了，美國眞的實現了承諾。假使甘迺迪當初沒撂下那番誑語，很可能連試都不會試。

知識的假象也給人勇闖新領域的自信。偉大的探險家想必相信自己懂很多，才敢展開前所未有的冒險。這說明了羅伯·史考特的南極遠征之旅爲何以悲劇收場，他認爲自己有辦法，因此拒絕使用狗協助運輸。於是，所有隊員與馬匹都在回程途中身亡。不過，假象也是成功的必要條件。馬可．波羅、克里斯多福．哥倫布與瓦斯科．達伽馬率領的隊伍，分別成爲發現不同新大陸的第一批歐洲人，他們因爲展現勇氣與毅力而成爲歷史英雄。我們固然沒見過這些人，但合理懷疑他們具備的過人自信，多半是因爲未能認清自己有多無知。許多偉大的人類成就，背後都是自以爲是的理解在支撐著。如此看來，假象也許是人類文明發展所需。

正因爲這類誤以自己很懂的假象，我們才會想辦法修理自己的腳踏車、電動火車，蓋個門廊（至少會試試）。我們之所以有這些行爲，是因爲沒認清在做什麼。我們在拆了整輛腳踏車、買了必要修理工具後，才發覺自己比想像得還沒頭緒。有時，我們會直接放棄，把腳踏車送到車行或請人幫忙。但有時我們選擇咬牙硬撐，此時就要歸功於知識的假象，提供了我們最初的動力。

同樣的道理適用於人際關係：假如我們的感情觸礁，認爲自己了解狀況的信念，可以成爲解決問題的動力。通常，我們會發現問題比想像得複雜，但至少我們願意嘗試。

假象也許美好，但跟無知一樣，都不算是好事。理解人際關係的假象，也可能導致我們不想修補關係，自認當前情況大勢已去。我們不會察覺自己的傲慢與恐懼，相信自己可以指出對方的缺點，卻未能完全理解人際互動，明白自己也是問題的一環。從宏觀角度來看，本書中描述了不少源自知識假象的人爲缺失與災難。

因此，L之所以能當作榜樣，是因爲她能正確看待事物。她意識到自己與他人知識的界限、明白自己應盡的責任，因而散發出平靜穩重的氣質。每當跟別人合作時，她懂得區分專業領域，因而展現自信與胸襟。由於她曉得自己的極限，因此也懂得欣賞別人的貢獻、感謝別人提供的見解。

S同樣值得作爲榜樣。她遇到任何事都充滿熱情，持斷開創新局、發掘新舊觀念的關連、探索未知的藍海（有時眞的跑去海上，令父母頭痛不已）。跟她聊起天來十分愉快，因爲她腦袋有一堆想法，願意討論任何話題。她對自己的知識充滿自信，代表她好勝心強，有時會咄咄逼人。她的確多少也活在假象中。但父母都認爲，無論假象的根源爲何，她也因此有潛力闖出一番事業。對於這些小小的假象，還眞得感謝老天。

Eurasian Publishing Group
圓神出版事業機構
用心與你對話・視野無限寬廣
先覺出版社
Prophet Press
www.booklife.com.tw reader@mail.eurasian.com.tw

商戰 182

知識的假象：為什麼我們從未獨立思考？

作　　者／史蒂芬・斯洛曼（Steven Sloman）、菲力浦・芬恩巴赫（Philip Fernbach）
譯　　者／林步昇
發 行 人／簡志忠
出 版 者／先覺出版股份有限公司
地　　址／台北市南京東路四段50號6樓之1
電　　話／（02）2579-6600・2579-8800・2570-3939
傳　　真／（02）2579-0338・2577-3220・2570-3636
總 編 輯／陳秋月
主　　編／簡　瑜
責任編輯／鍾旻錦
校　　對／許訓彰・周婉菁・鍾旻錦
美術編輯／金益健
行銷企畫／張鳳儀・徐緯程
印務統籌／劉鳳剛・高榮祥
監　　印／高榮祥
排　　版／陳采淇
經 銷 商／叩應股份有限公司
郵撥帳號／18707239
法律顧問／圓神出版事業機構法律顧問　蕭雄淋律師
印　　刷／祥峰印刷廠
2018年6月　初版
2018年7月　3刷

定價 340 元　ISBN 978-986-134-322-8

藉由避免假象，你可以提高認知的準確率，就會知道自己知識的侷限，最終有助自己達成目標。你不會接下超出自己能力的計畫，也較不容易讓他人失望，因爲更有能力兌現承諾。

——《知識的假象》

國家圖書館出版品預行編目資料

知識的假象：為什麼我們從未獨立思考？／史蒂芬．斯洛曼（Steven Sloman），菲力浦．芬恩巴赫（Philip Fernbach）著.
-- 初版. -- 臺北市：先覺，2018.06
320 面；14.8×20.8 公分. --（商戰；P0900182）
譯自：The Knowledge Illusion: Why We Never Think Alone
ISBN 978-986-134-322-8（平裝）
1.思考 2.知識社會學
176.4 107005994